"十三五"国家重点出版物出版规划项目

诺贝尔经济学奖获得者丛书
Library of Nobel Laureates in Economic Sciences

市场信号传递
雇佣过程中的信息传递及相关筛选过程

Market Signaling
Informational Transfer in Hiring and Related Screening Processes

迈克尔·斯彭斯（Michael Spence） 著

李建荣 译

中国人民大学出版社
·北京·

译者序

本书主要由迈克尔·斯彭斯的博士论文[①]构成，论文内容主要集中在第3、4、5章。他因在信号传递方面的卓越贡献而获得2001年度诺贝尔经济学奖。

本书主要讲解当市场中有信号传递发生时，市场的均衡状况及均衡状态下的市场分布。所以要理解和把握本书的思想内容，必须弄清楚信号和信号传递的含义，这在本书第2章做了详细介绍。

关于本书的翻译，有以下三个方面需要解释。首先，关于图形。原文中的图形有的采用带箭头的坐标轴（如图3.2），有的则不带箭头（如图12.1），有的图形缺少坐标原点（如图3.3），有的缺少坐标轴变量（如图E.3）。译稿采用当下经济学著作惯用的图形描绘法，采用不带箭头的坐标轴，每一个图形都包括坐标原点、坐标轴变量及必要的单位长度。

其次，原文中的打印错误（如图3.3中横坐标轴上的符号z，应该为数字2）、笔误（如原书表2.1所在页码，倒数第11行的$-q_1$，应该为q_1）及不准确之处［如图E.5中线段EDA的斜率$(\alpha-s)(1-d)$，应该为$\alpha-s(1-\alpha)$］，均已在译稿中加以纠正。这些小问题，正文部分相对较少，但附录部分却多不胜数。译稿中纠正过的部分，本人确信正确，但难免有疏漏之处。读者如果发现有原文中的失误在译稿中未加以纠正、译稿对原文译错之处，希望能把有关问题发送到本人的电子信箱，如果本书有加印的机会，能够得以纠正。

最后，关于术语表。原文术语表部分有些条目只是出现在参考文献列表中，这些在译稿中略去；译稿增加了一些原文术语表中没有的关键条目。

书中重要的关键术语，尽量做到翻译精、准。如"differential"一

---

① Michael Spence, "Job Market Signaling", *The Quarterly Journal of Economics*，87（3），1973：355－374.

词，数学中一般译作"微分"，"differential equations"译作"微分方程"，经济学中译为"差分"，但我们译作"差异"或"差别"。因为"微分"或"差分"表达的含义是，在其他条件保持不变的情况下，考察一个自变量发生微小偏移时，因变量的微小变化情况，但纵观本书全文，尤其是第 5 章"Differential Signaling Costs"，我们可以清楚地看到，本书所指的并非一个独立变量（如个体的信号传递成本）的微小变化，而是指不同个体或群体的表达同一特征（如成本）的变量，因这些变量的不同引起市场均衡的变化。再如"multiple equilibria"一词，我们译作"多个均衡"，有人译作"多重均衡"，这个翻译似乎朗朗上口，但是，把"multiple"译作"重"时，它含有"层次"的意思，如数学中的多重积分，而本书分析的不同均衡相互独立，几乎没有关联，丝毫没有"层次"或"次序"的含义，因此我们译作"多个"。

在翻译中，本人尽量抹去译稿翻译的痕迹，争取让译文阅读起来清晰、流畅，但由于中英文表达方式及风格显著不同，所以译文不可避免地仍然带有英文的味道。

由于原书的主要部分是作者的博士论文，有些地方的论述、推理比较简洁，虽然本人尽力弥补这一问题，在重要的推导中尽可能地做到步骤间的衔接，如添加必要的因果条件，但这毕竟是译稿，不能偏离原书太多，所以有的读者可能阅读起来略觉困扰。努力如此，但译稿中一定还有不足之处。有兴趣的读者可以把相关信息发送到我的电子邮箱（jrli77@163.com），待本书加印时，可以适当地对其进行修正和补充。

李建荣

华南师范大学

2019 年 1 月

序

我要感谢很多人！在确定本书要详细阐述的思想内容时、在本书的撰写过程中，我得到了许多人的帮助。感谢罗伊·拉德纳（Roy Radner）及 1971 年参加伯克利举办的"市场与不确定性夏季研讨班"的学员，感谢他们给予的财务支持和有益建议；感谢福特基金会的研究资助；感谢参加哈佛大学肯尼迪政府学院举办的"公共政策中的分析方法研讨班"的学员，感谢他们在知识、经济和精神上的支持；感谢劳工部提供的打字服务及对稿件的准备工作。

尤其感谢霍莉·格拉诺（Holly Grano）、马戈·斯威特（Margo Sweet）、玛丽·贝丝·勒纳德（Mary Beth Learnard）和黛安娜·兰平（Diane Lamping），感谢他们为这样一部有难度的著作所做的编辑和打字工作，并且在这个工作过程中极大地改善了本书的风格。向查尔斯·翁蒂特（Charles Untiet）致以我最真挚的感激之情，感谢他准备了本书的索引并仔细阅读了书稿。

我的妻子安·斯彭斯（Ann Spence）为哈佛大学的学生提供寻找工作或申请研究生院的咨询工作。本书所写的大部分内容，分析了她指导的学生在这些市场中遭遇到的难题。

从一开始我就从与一大群杰出学者的交谈中获益良多，相似的研究兴趣使他们相聚到一起，他们的作品都值得一读。戴维·斯塔雷特（David Starrett）在基本概念上给予我很有价值的帮助，并在本书的撰写过程中给了我许多鼓励；杰里·格林（Jerry Green）在动力学方面为我提供了帮助，他撰写了几篇关于随机价格均衡和不完全跨期市场的文章；兰迪·韦斯（Randy Weiss）基于他自己在教育回报方面的研究给出了极富洞察力的建议；我尤其感激迈克尔·罗斯柴尔德（Michael Rothschild），他关于不完全信息的文章，以及他在这一研究方向上执着的兴趣，一直激励着我。

莱斯特·特尔泽（Lester Telser）和乔治·斯蒂格勒（George Stigler）举办了一场关于信息经济学的研讨会，并给了我极大的帮助。兹维·格里利切斯（Zvi Griliches）阅读并评论了整本书稿，提出了有关效率的问题，这也是我一直试图解决的一个难题。

在国家经济研究局，我度过了获益良多的愉快的一天，那里有几个人正在做相关研究。感谢詹姆斯·赫克曼（James Heckman）、雅各布·明瑟（Jacob Mincer）、鲍勃·纳尔逊（Bob Nelson）和巴里·奇斯威克（Barry Chiswick）。

霍华德·莱福（Howard Raiffa）负责所有决策理论方面的问题；此外，他对自己的论文在清晰论述方面有极端高标准的要求，这给了我很大的启发和灵感，但对像我这样在这方面有所欠缺的人士来说，对这些高标准要求有时又略感困惑。理查德·凯夫斯（Richard Caves）带着批判的眼光阅读了整本书稿，指出了几个在工业企业理论里也有的类似问题。

我要向肯尼斯·阿罗（Kenneth Arrow）、托马斯·谢林（Thomas Schelling）和理查德·泽克豪泽（Richard Zeckhauser）致以我最真挚的感谢，他们在学识上的帮助和鼓励，可以追溯到我读研究生的第一天。这种感激，我无以回报，也从未很好地表达，但幸运的是，我从这三位老师那里获得的鼓励和耐心的指导，有一天会从我这里传递给那些需要它们的人。

迈克尔·斯彭斯

斯坦福大学，1973 年

目　录

图形目录

第1章 引 言

　　市场信号（market signals）是市场中个体的活动或特征，它们通过特定设计的事件或偶然事件改变市场中其他个体的理念或向其他个体传递信息。在这样广泛的定义下，对市场信号的研究绝不是一本书所能涵盖得了的。虽然广告、商标、价格有时也是市场信号，但我觉得有必要把对市场信号的研究局限在就业市场或招聘模式。本书的大部分内容集中分析各种例子，但单纯从这些例子中很难提取出市场信号一词要表达的精确含义，也很难精确界定市场信号所指的经济活动的范畴。简而言之，我和读者之间存在一个信号传递难题。我们要研究一个结构相当复杂的、敏感的信号传递博弈。如果你还想进一步阅读本书，那就是要投资一个质量不确定的商品，就像一个耐用消费品的消费者，在他购买商品时，实际上正在投资一个随着时间的推移质量却不确定的服务流。耐用消费品的销售者和我尝试向我们各自的消费者传递信号，以期给他们留下良好的印象；或者更准确地说，以期影响这些消费者对产品质量的主观概率理念。即使这些产品几乎没有什么可以推荐的信息，我们也依然会这么做。

　　我们面对的问题是，消费者知道我们的意图，尽管可能不会拒绝我们传递的全部信号，但可能会大打折扣。我们的解决方法是，以通用电气（General Electric）公司为销售商代表，预计我们会在各自的市场待一段时间；因此，从长期收益来看，现在投资建立信号传递的可信性，以增强未来的交流能力，可能会有一些价值。这样的做法并非史无前例。滑雪胜地长期以来都会向公众汇报滑雪场状况；这些汇报要在媒体上进行传播，汇报的信息并非完全不准确，而这样做滑雪场不需要支付任何成本。当然，信号传递博弈每周都要上演一次。[①]

如果读者认为一个作者只会去市场考察一次，或者至多偶尔去一次，那么这个作者通过精确地报告市场的内容来表明其信号传递的可信性的论述就无足轻重了。事实上，就我所知，一个作者会在他要研究的市场中待很长一段时间，所以有关致力于建立信号传递可信性的论述至关重要。本书主要关注这样一类市场现象，它们具有一个非常显著的特点，即，主要的信号传递者很少出现在博弈中，因此他们认为不需要投资以获取信号传递声誉、建立一个可供学习的信号传递代码，事实上，他们也的确没有进行这样的投资。在就业市场，可以找到这种类型的市场信号传递的典型实例。本书的大部分内容致力于分析人员筛选过程中的信号传递。

我们的目标是要构建一些模型，这些模型具有一些特征，看起来似乎是就业市场中信息交流、信息传递过程的重要特征。分析论述的前提假设是：在很多招聘工作中，在聘用之前，雇主并不清楚求职者的工作能力，一般情况下，要在聘用一段时间之后，雇主才了解雇员的工作能力。聘用实际上是在不确定性下的一种投资行为。雇主在招聘时对求职者工作能力的不确定性，正是下面这个一般化观点的一个例子：买主在购买商品时，往往并不完全清楚商品的性能。那些偶尔才去维修、保养汽车的人，也许会在这个假设中找到一点有价值的东西。

虽然雇主（或者，在另一个类似问题中，叫做大学招生的主管人员）在做出决定时并不知道所有他希望知道的信息，但他也并非彻底的一无所知。他知道求职个体许多可以观察到的品质，比如个人仪表、教育背景、工作经历（如果有的话）、个人经历的其他方面、种族和性别，这些都是潜在信号（potential signals）。雇主会基于他过去在市场中的经验来理解这些信号。

求职个体会运用某些方法来改善即将呈现在未来雇主面前的个人形象，他很可能会改变自己的形象以获得一个良好的印象。这些形象改变策略可能只涉及一些相对小规模的活动，比如购买一套合适的职业套装；也可能涉及一些重大决策，比如提升自己的教育水平。当然，一个人呈现出来的个人形象的有些方面是无法控制和改变的，比如种族和性别。

可能是以下几方面的原因，引起人们对这类信号传递的兴趣：

1. 信号传递均衡是否有一个合理的定义？这个定义是如何刻画的？

---

① 关于常规市场信号传递的讨论，见本书的总结部分。更一般地，见 D. K. Lewis, *Convention: A Philosophical Study* (Cambridge, Mass.: Harvard University Press, 1969)。

2. 市场中的雇主究竟有多么了解市场信息，或有多么不了解？

3. 信息流完整吗？这些信息都准确吗？

4. 信号传递需要使用资源吗？如果需要，那些资源被有效使用了吗？

5. 求职者呈现出的个人形象，有可以改变的方面和不可改变的方面，它们分别扮演了什么样的信息角色？

6. 发生了什么样的学习改变？

7. 在市场均衡情形下，不确定性消失了吗？

8. 有多少个市场均衡？

9. 在不确定性、不完全信息和信号传递活动下，市场的配置功能还能有效发挥吗？

这只是人们想从市场信号传递模型中获取答案的几个有代表性问题。毫不夸张地说，我相信读者会从市场资源的有效配置角度发现一些令人吃惊的答案，它们很可能是有点令人不安的呢。

虽然就业市场是我们关注的焦点，但主要是用它们来演示在其他市场和准市场中出现的一类特定的市场信号传递结构。这些我们可以通过相同的概念视角观察到，这种情况前面早已提到过：大学招生录取模型。按照相同的思路，可以把选择性筛选和职位晋升看作信号传递活动。我们也会留意信用等级和房贷市场。为获取社会地位而花费金钱的现象首先由凡勃伦（Veblen）提出，这是同一个模型的有趣变体。在我们的调查研究过程中，将会对这些问题以及其他类似问题进行检验。[①]

下面介绍本书的组织结构。在构建就业市场模型、检验其相关性质、用其检验类似的信号传递现象的过程中，我们广泛使用数值算例来阐述重要论点。使用到的数学知识只涉及简单的代数，不需要更高深的数学知识。但附录部分的数值算例需要使用更深的数学知识，它们是正文部分的推广和一般化。唯一例外的是附录 E，这一部分是关于效率问题的，可以独立于其他部分来阅读。附录是正文内容的一个必要的辅助部分，它们证明了关于市场信号传递的简单例子的性质具有一般性、不是人为构造的，并推广了分析内容的实质意义。

我希望我们解决了在本书开始时提到的信号传递问题，希望我们提出的研究问题、采取的研究方法能带给读者美好的体验，希望我们没有误导读者。而在详细探讨了一个市场信号传递博弈之后，从理论上来推广和思考市场信号传递问题就容易多了。

---

① 这些例子用于展示就业市场模型在其他地方也同样存在。当然，这只是部分例子，并不代表所有情况。

第 *2* 章　就业市场信号传递

当不确定性和信息是一个人正在分析和研究的部分问题时，这个人很可能同时也在了解、修正自己的理念，并在市场中做出完全不同的反应。诚然，连续不断的变化难以处理，所以需要找到一个恰当的均衡概念。对就业市场来说，均衡（equilibrium）可以定义为这样一种状态：雇主对雇员的生产力（在雇佣当时无法知道）与其受教育水平、工作经历、种族、性别之间关系的看法，被他在市场中的雇佣结果所证实。利用这样定义的均衡概念，可以了解隐含在市场配置系统中的效率（或者缺乏效率），该系统把工作配置给工人、把工人分配给工作。

本节首先论证下面三个问题：一个市场的信息结构对该市场的表现至关重要；信号传递博弈输出的是信息流；信号传递博弈的激励机制是构成市场本身激励机制必需的一部分。然后进一步论证下面四个问题：信号传递均衡有多个，远不止一个；从社会财富的角度来说，这些信号传递均衡不等价；由于教育被看作市场信号，所以教育的个人收益和社会收益很可能不同；隐含在市场信息结构中的经济歧视有几个本质不同的可能来源。

就业市场中的交易

劳动力市场中的典型交易是双向的（two-sided），交易的每一方都既买了某样东西，又卖了另一样东西。雇员卖出他的劳动服务，一般情况下是卖出特定一段时间内的劳动服务，同时购买一份工作或工作合约及相应的工作环境；雇主购买了劳动服务，或者更正确地说，购买了一份彩票（lottery），彩票的支付是他实际收到的劳动服务，同时卖出一份工作及相应的工作环境。这种双向销售产生的净转移是工资或薪水。依据你所关注的是交易的哪一方，这个市场被称为劳动力市场（labor market）或就业市场（job market）。

当雇主和潜在的雇员在市场中相遇时（在相遇之前，一方或双方可能已经在市场上做了很多次搜寻），双方都无法确定对方所销售的服务的品质或特征。潜在的雇员可能并不十分清楚这份工作的具体情况，而雇主往往也不清楚如果求职者被录用的话，他是否能有效地完成这份工作。在这里，我们关注的焦点是雇主不确定性（employer's uncertainty）。雇主不确定性的根源是下面这个事实：在雇用一个特定的雇员之前，雇主并不知道该雇员的生产力究竟如何。这是因为在雇佣关系发生前，雇主无法直接观察到该雇员的生产力。

通过对本书内容进行这样的限制，我们忽略了市场信息结构的其他一些方面。一方面是雇员对于工作的不确定性；另一方面是雇主和雇员必须在市场中找到对方。忽略后一个方面可能会造成由他们一方或双方引发的搜寻程序。我们忽略这些信息问题并不意味着它们不重要，而是相对于本书的研究内容来说，我们的研究兴趣不是整个劳动力市场，而是某种类型的市场信号传递博弈，在就业市场发现了这种博弈的一种形式。

雇主不确定性及对它的反应

雇主不确定性的程度、本质会随着市场的变化而变化，也随着工作的变化而变化。但是难以否认，雇主不确定性是购买劳动服务过程中的一个普遍特征。例如，雇主事先无法准确预知公司经理的工作能力和创造力，但这并不是说没有信息指标可以帮助雇主做出预测。相反，存在这样的信息指标，而这也正是我们要调查研究的问题。任何一个维修过汽车的人都知道，维修工艺的质量和维修机构的诚实程度在维修完成之前都是不确定的，但这些都是我们关心的信息。在为技术性工作招聘工人时，雇主可能严重依赖一个工会或协会来帮助他评估应聘个体的技术水平，但即使如此，雇主可能依然不能确定这个人的技术水平。对于一个不懂医术的人来说，他对自己购买的医疗服务的准确的服务质量知之甚少。简而言之，一个典型的劳动服务的购买者，无论是一个个体还是一个大型机构，对于其正要购买的服务一般都是不确定的，因此，在做出购买决定时，其得到的其实是一份彩票。一份彩票仅仅是获得一份报酬、一份奖励或一个结果的机会。每一个结果发生的概率可能是由彩票持有人提供的一个客观定义的数，也可能是一个主观的数。重要的一点是，人们可以像买卖货物或服务一样来买卖彩票。因此，我们可以用市场来讨论特定类型的彩票。

雇主计划购买的彩票是从两方面来定义的：可从彩票可能的支付结果来进行定义——在这种情况下，雇员在工作中表现出不同程度的能力；又可从他赋予每一种支付结果的概率来进行定义。我们只需要对这些可能的支付结果稍做分析。基于雇主在市场中的既往经历，假设雇主对所有可能出现的结果有一个清醒的认识，这样的假设似乎合理。雇员最终的表现可能是非常富有想象力和创造力，可能刚刚称职，可能不称职，可能不诚实，可能准时或总是迟到，也可能经常旷工，等等。这些表现的重要性取决于工作类型和雇佣机构本身。

于是，雇用一个个体后，这个雇员的最终表现有多种可能，而雇主赋予每一种可能结果的概率成为一个有趣的问题（这用现在的术语来说就是，他购买了一份彩票）。在赋予这些结果相应的概率时，雇主有两个可以利用的资源。一个是他在市场中的既往经历（我们假设他已经在市场中待了一段时间）。他不是毫无根据地猜测这些概率。因为他会对过去已经出现过的不同结果发生的频率有所判断，所以他在市场中的既往经历对他赋予这些结果相应概率应该有所帮助。

另一个可以利用的资源是，人不是不可区分的这一事实。来到就业市场的人具有各种类型的教育背景和工作经历，他们的穿着不同，头发长度不同，性别和种族也不同。因此，虽然雇主并不知道他真的想要了解的关于这些求职者的一些方面，但他的确了解一些这些求职个体的可以观察到的特征，这些特征可能是他做出判断的有益信息。他可以尝试利用这些信息帮助他估算各个结果发生的概率。给定求职个体可以观察到的特征，他能够评估其胜任这份工作的条件概率（conditional probability）；而不必从所有求职个体中随机地选出一位来评估他胜任这份工作的无条件概率（unconditional probability）。这两种类型的评估都建立在雇主在市场中的既往经历上。

我们无法确定，利用条件概率评估彩票能否使雇主做出更优的决策。事实上，到目前为止，还没有人证明使用条件概率和无条件概率评估计求职个体的工作能力会有所不同。这可能是因为在历史样本中，教育水平和生产力是无关的。但是，假如领会这个"额外信息"不需要成本，你可以说使用它不会导致更糟糕的决策。因为如果这个信息确实是无用信息，那么在做决策的过程中它自然会被抛弃。[①]

读者将会意识到，"特征"（characteristic）一词大致上是指在雇佣之前、雇主已经得到的有关求职个体的所有真实情况。这些真实情况包括教育水平、工作经历、个人特征以及其他诸如服务记录和犯罪记录这样的信息。因为这些都是可以（或可能）观察到的特征，它们都是信息的潜在来源。也就是说，它们潜在地影响了雇主的概率理念（probabilistic belief）。可以观察到的特征与观察不到的特征之间简单的区分有可能会被进一步地细分。但观察可能需要成本。如果存在观察成本，那么雇主将要面对观察哪些特征、按照什么顺序来观察它们等一系列的决策问题。所以为了清楚起见，要一分为二地看待观察成本。

雇员信号传递

在雇佣前，雇主能够观察到的求职个体的那些特征中，有一些能够被人为操控，其他的则不可以。比如，教育（education）可以获取，教育状况可以改善，但种族（race）和性别却无论如何都无法改变。需要注意的是，诸如种族和性别这些可以观察到的、不可改变的特征，有可能（或者值得）被操控以使之难以观察到。要做到这一点，很有可能涉及一个机构决策或社会决策。比如，很多州都禁止大学获取申请人的种族、肤色、宗教、民族等个人信息。想要有效地伪造个人信息显然困难重重。但是，抑制一个特征的可观察性并不能使这个特征变得可以调整，稍后我会解释清楚这一区别的重要性。

因为有一些诸如教育这样潜在的相关特征可以部分地或全部地受人为控制，所以我们有理由假设，为了以良好的姿态出现在可能的雇主面前，一个求职者会调整自己的某些特征。虽然求职个体不需要把自己想象成正在投射影像，但通过改变自己的某些可以观察到的特征，他能够影响并确实影响了他呈现给雇主的这份彩票。假设这些调整是理性决策的产品，则我们可称这些调整活动为信号传递（signaling），称这些特

[①]　用决策论专业术语来说就是：样本信息的期望值最小为零（忽略样本成本）。

征本身为信号（signal）。指标（index）一词用于指可以观察到的、不可改变的特征。此外，区分清楚潜在信号（potential signal）和真实信号（actual signal）、潜在指标（potential index）和真实指标（actual index）非常有益。它们的具体定义如下：

1. 潜在信号是可以观察到的、可以改变的特征；
2. 潜在指标是可以观察到的、不可改变的特征；
3. 真实信号是影响雇主对生产力条件概率评估的潜在信号；
4. 真实指标是影响雇主对生产力条件概率评估的潜在指标。

在采用这些术语时，我遵循罗伯特·杰维斯（Robert Jervis）在他的杰作《国际关系中的形象逻辑》（*The Logic of Images in International Relations*）一书中做出的区分灵感。杰维斯使用指标—信号二分法来分析国家与国家之间是如何交流沟通的。二分法（dichotomy）代表了许多我们可以在这里使用的精细区分。首先要区分可操控和不可操控的特征、品质、活动。其次要区分信号发送者清楚的活动和他不清楚的活动，这一区分的意义是，如果发送者不清楚这些活动，那么他就不会去操控它们，因此这些活动就如指标一样运作。杰维斯还着重强调了，找到正在被用作指标的活动，然后再利用它们来误导活动的另一方的效果。人们能够区别自愿活动和非自愿活动。非自愿活动是指标；如果自愿活动的表演者知道它们可能会传递信号，那么自愿活动就是信号。人们还可以区分高成本信号和低成本信号。我们对这一点的理解是：对于成本很高的信号，因为没有人会仅仅出于交流的目的而考虑操控它们，所以它们实际上是指标。在后面有关信贷市场的讨论中，会遇到有关这一问题的例子。

杰维斯对概念的区分，远远多于我在这短短的篇幅内表达出的内容。当人们开始考虑一个信号传递博弈的一方是否知道另一方把一项活动看作信号还是指标时，博弈的分析变得相当复杂。① 不过，信号—指标二分法的实质被保留了下来。信号指一个可以操控的品质或一项传递信息的活动，这项传递信息的活动被称为信号传递。这里的定义与前面的相比，唯一的改动是，在操控品质时，一般情况下，不必坚持要求活

---

① 在欧文·戈夫曼（Erving Goffman）的《策略互动》（*Strategic Interaction*）一书中，在一个相似概念的有趣的运用中，作者对间谍间的信息交流问题投入了很大的关注。也可参见佩罗特（G. Perrault）关于在第二次世界大战中在欧洲的苏联间谍网的著作（*The Red Orchestra*，New York：Simon and Schuster，1969）。

动者把他自己看作正在传递信号或传递信息。我们称不可改变的特征为指标，一个紧张的求职者额头的汗珠就是指标。

应该注意到，无论潜在信号和潜在指标最终是否为真实的，也就是说，是否影响雇主关于求职者工作能力的评价，这都是市场均衡的一个特征，并且无法预先确定。

模型 1：无信号传递

对无信号传递发生情形的一个简单的检验将作为比较的标准。假设市场中只有一个雇主，有一群他最终将要雇用的人。对雇主来说，这个群体中的每一个人都有自己的边际产出（marginal product），或者说是净价值，但是在雇佣之前，雇主并不知道这个边际产出是多少。为了便于解释，假设个体生产力只有两个可能的取值：1 或 2。在完全信息情况下，雇主将完全按照每个人的边际产出来支付其薪资。① 假设这个群体中边际产出是 1 的人数比例为 q_1，则剩余部分个体的边际产出是 2（见表 2.1）。

表 2.1　　　　　　　　　　无信号传递情形的市场数据

	边际产出	人数比例
第 I 组	1	q_1
第 II 组	2	$1 - q_1$

如果所有人在所有有关特征方面看起来都相似——这意味着，基于雇主过去在市场中的既往经验，这个群体中可以观察到的个体差异与其生产力无关——那么雇主支付给每一个人的工资将等于他的期望边际产出。由于没有市场信号和指标作参考，所有人的期望边际产出都相同，计算如下：

$$\bar{w} = q_1 + 2(1 - q_1) = 2 - q_1$$

于是，与假设出的完全信息情形相比，由于最初无法区分低生产力个体与更高生产力个体，所以第 I 组成员的收入得到提高，而第 II 组成员的收入则受到损害。第 I 组中每个人获益的量为 $1 - q_1$，它随 q_1 的减

---

① 请读者谅解，我会把具有不完全信息和信号传递市场中竞争压力的更详细的讨论放到附录部分，主要在附录 D 和附录 E 中。同时，为了便于阐述，我会使用只有一个雇主的模型。

小而增大；第 II 组中个体的损失是 q_1，它随 q_1 的增大而增大。因为在每一种情形下，工人完成的工作总量与雇主支出的工资总额相等，所以两种情形对雇主来说是无差异的。

但是，如果有更好的信息可供利用，我们假设雇主会设法使用这些信息。因为我们必须意识到（请读者也要意识到），雇主置身于一个至少存在一些竞争压力的劳动力市场，而其他雇主正在使用这些可供利用的更好的信息，不使用这些信息可能意味着他将无法进行人才竞争。

第3章 模型2：教育作为信号

以无信号传递模型为背景，可以构建出市场信号传递的第一个模型。假设教育是一个可供利用的潜在信号。人们的受教育年限不同、教育表现水平也不同，雇主在雇用一个员工之前有机会获取这些信息。

这时，人们也许会提出疑问：为什么雇主不先雇用这个人，然后确定他的工作能力，相应地再决定究竟是解雇他，还是调整他的工资或薪水，这样不是更简单吗？通常情况下，他不能这样做。雇主之所以不会这样做，有以下几个原因。首先，这个人的实际工作能力可能要过一段时间（甚至可能要经过很长一段时间）才能看得出来。其次，在这个人能够处理某些类型的工作之前，他可能需要接受特定的岗前培训。最后，还可能有一份工作合同及合同期限，在合同期内，雇主不能解雇这个人，也不能调整他的薪水。所有这些因素使雇主的雇佣决策成为一个投资决策。雇佣要付出一定的成本，这些成本在雇佣早期被隐没，并且如果投资失败，这些成本也无法追回。因此，雇主很有可能会关注诸如教育这样的潜在信号。

对个人而言，教育是一个可以选择的问题。一个人可以而且确实可以投资于多年的教育以及他在教育方面的成就。为了获得教育以及一个良好的教育记录，人们需要付出的不仅仅是金钱成本，还有精神成本。当一个人面对工资、工作等这些可能取决于教育的问题时，他需要解决的难题是，在权衡教育成本和诸如未来的工作、薪资水平这样可能的收益后，选择一个最优的受教育水平。

一个关键假设或前提条件

分析到这里，我们需要一个至关重要的假设条件。假设用一个综合

11

了受教育年限、教育成就的指标来度量教育,并用 y 表示。那么这个关键假设(critical assumption)就是:就某项工作来说,获取指标 y 的成本与一个人的生产能力负相关(negatively correlated)。特别地,以模型 1 的数据作为我们分析的起点,假设第 Ⅰ 组中一个人获取指标 y 的成本刚好是 y,而边际产出是 2 的一个人获取 y 的教育水平成本是 $y/2$。数量单位可以选择为美元。于是,与低生产力人员相比,高生产力人员的教育成本要低。

在这个模型的研究框架中,信号传递成本与生产能力负相关是一个假设条件。但事实上,它是这种类型市场发生有效信号传递(effective signaling)的一个前提条件。因此,读者可以把这个假设看作潜在信号成为真实信号的一个一般性必备条件(prerequisite)。这个问题后面还会再次提及。①

模型 2

关于市场信号传递博弈的描述,在许多地方可以中断。所以,我们从某个时间点上雇主对教育和生产力关系的理念开始模型的描述(见表3.1)。给定任意一个起点的教育水平,雇主在生产力上会有一个条件概率分布。通过利用条件概率,对每一个可能的教育水平,雇主都有一个期望边际产出。假设雇主支付给每一个具有 y 年教育的人的工资等于该教育水平下的期望边际产出,并用 $W(y)$ 表示,这就是对应于教育水平的提供工资(offered wage)。

表 3.1 信号传递问题数据

	边际产出	人数比例	教育水平 y 的成本
第 Ⅰ 组	1	q_1	y
第 Ⅱ 组	2	$1-q_1$	$y/2$

一个潜在的雇员在展望他的职业生涯时面对着一个工资表 $W(y)$。这个工资表告诉他,工资是由其所选择的教育水平决定的。当然,教育

① 更一般地说,在一个市场信号传递均衡中,如果某个可以改变的特征是衡量工作效率的真实信号,那么:(a)调整这个特征所需的成本一定很高,(b)调整成本与工作效率一定负相关。这个命题的正确性在我们有机会定义了市场信号传递均衡后会更加清楚。

需要成本。在给定的成本函数和工资表下，这个人会选择使工资与成本之差最大的一个教育水平。换句话说，通过恰当地选择教育水平 y，他最大化了去掉信号传递成本后的净收益（net return）。

倘若故事就到此结束，那么它也不是非常有趣，但事情并非到此为止。已经在教育上有所投入的求职者来到市场，按照由雇主当前条件概率理念测算出的比率被雇用。在随后的一段时间里，雇主将会逐渐了解他所雇用人员的实际生产能力，他当然也知道他们来到市场求职时具有的教育水平。将这两类信息综合在一起，他能够检验并且也会检验他关于生产力和教育之间关系的概率理念。一般来说，这个新获得的经验会使他改变之前的理念。当发生这种情况时，在博弈再次开始之后，依据教育水平提供给人们的工资将会改变。而这反过来会改变人们在教育上的投资行为，并且，新的市场数据将使雇主进一步修改他的概率理念。这种循环反馈机制（feedback mechanism）如图 3.1 所示。

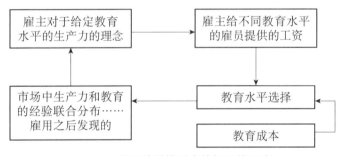

图 3.1　信号传递模型中的相互关系流

为了研究非转瞬即逝的市场状态，我们要寻找跌宕起伏的循环反馈机制稳定下来的地方，这些地方被称为均衡。当雇主的概率理念以市场数据形式反馈回来时，他不用对他的理念再做进一步的调整，均衡就会发生。具有这种性质的理念被称为自我证实（self-confirming）。

定义：市场中，一个信号传递均衡（signaling equilibrium）是一组雇主条件概率理念，当被转化为提供工资、雇员的投资反应及新的市场数据时，由联系教育水平和生产力的新的市场数据所证实。

新进入就业市场的成群结队的求职者来到市场，但他们在信号上的投资与以前的求职者相似，所以雇主没有理由调整他的条件概率理念。

需要重点强调一下，这只是在市场中定义了一个均衡。市场均衡是否存在至今尚未得到证明，同样也没有证明教育是一个真实信号，即建立在生产力水平上的条件概率和无条件概率将会有所不同。所以，我们需要研究市场均衡的性质，同样也要研究是否存在一个或多个均衡。

为了在市场中找到一个均衡，有必要为雇主猜测一组条件概率理念，然后用上面描述的反馈机制来确定它们是否能够自我证实。假设雇主理念为：

如果 $y < \bar{y}$，那么生产力＝1 的概率为1；

如果 $y \geq \bar{y}$，那么生产力＝2 的概率为1。

如果这些就是雇主的条件概率理念，那么他的提供工资表 $W(y)$ 将是一个阶梯函数（见图3.2）。注意，此时 $\bar{y}$ 仅仅是某个常数。[①]

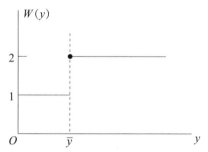

图 3.2　提供工资作为教育水平的函数

给定提供工资表，每一组成员都会选择最优的教育水平。我们来分析一个会把教育水平设置为 $y < \bar{y}$ 的人。如果他真的这样设置，那么他将取 $y = 0$，因为教育成本昂贵，并且考虑到假设的雇主理念，在把教育水平提高到 $\bar{y}$ 之前，提高 y 没有任何收益。类似地，任何一个把教育水平设置为 $y \geq \bar{y}$ 的人，实际上都会取 $y = \bar{y}$，因为继续提高教育水平只是增加成本，却不会带来相应的收益。因此，每一个人的教育水平取值为 $y = 0$ 或 $y = \bar{y}$。在雇主初始理念和刚刚推导出的事实的条件下，如果雇主理念将会得到证实，那么第 Ⅰ 组成员必须取 $y = 0$，而第 Ⅱ 组成员取 $y = \bar{y}$。两组成员面对的选择如图3.3所示。

在提供工资函数图形上分别添加两组的成本函数曲线（见图3.3）。每一组成员都会选择使提供工资与教育成本之差最大的教育水平 y。在

---

① 统计学家习惯于在字母上加一条横线来表达均值或平均数，但这里的横线与均值或平均数无关。

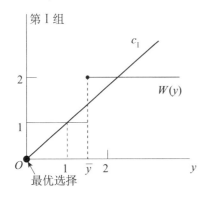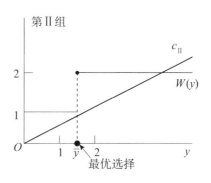

图 3.3　两组的最优教育选择

图中给出的 $\bar{y}$ 的取值条件下，容易看出，第Ⅰ组成员选择教育水平 $y=0$，而第Ⅱ组成员选择 $y=\bar{y}$。于是，在这种情况下，雇主理念得到证实，我们找到了一个信号传递均衡。我们可以把这两组成员证实雇主理念的行为条件用代数术语来表达：如果

$$1 > 2 - \bar{y}$$

那么第Ⅰ组成员会取 $y=0$；如果

$$2 - \bar{y}/2 > 1$$

那么第Ⅱ组成员会取 $y=\bar{y}$。把这两个条件综合在一起，我们发现，如果 $\bar{y}$ 满足下述不等式

$$1 < \bar{y} < 2$$

那么雇主的初始理念将会被市场经验证实。

　　这时，这种类型均衡的一些显著特点，值得我们暂停当下讨论，先对这些特点做一些评论。一个特点是，在上面使用的那种雇主期望中，$\bar{y}$ 有无穷多个可能的均衡取值。这意味着市场有无穷多个均衡。在每一个均衡处，在观察到一个求职者的教育水平后，雇主能够对他的生产力做出准确的预测。这个性质很特别，并且至少部分取决于教育成本与生产力完全负相关的假设。但是，即使在这种情况下，依然存在一些均衡，在这些均衡处，雇主对求职者生产力的判断是不确定的，我们很快会看到这一点。

　　另一个特点是，从福利的角度来看，这些均衡不等价。增加 $\bar{y}$ 会损害第Ⅱ组成员的收益，但对第Ⅰ组成员没有影响。第Ⅰ组成员的收益比完全没有信号传递的情况要低（见模型 1），第Ⅱ组成员的收益可能也比没有信号传递的情况低。比如，假设第Ⅰ组成员的人数比例为 0.5。

无信号传递时，所有人的工资都是 1.5；有信号传递时，因为 $\bar{y} > 1$，而第Ⅱ组成员的净收益是 $2 - \bar{y}/2$，所以在均衡状态下，他们的净收益一定小于 1.5。因此，在这种情况下，所有人都偏好没有信号传递发生的情形。

作为个体，没有一个人的行动是非理性的。为了获利，人们可能会结成联盟（coalition），从而破坏信号传递均衡；联盟和分组问题会在后面的章节进行讨论。两个小组的初始人数比例分别为 q_1 和 $1 - q_1$，它们对均衡没有影响。之所以得出这个结论，是因为我们假设任何一组成员的边际产出不随雇佣人数的变化而变化。但请注意，在这个假设条件下，无信号传递情形下的工资取决于 q_1。

现在，我们回到前面关于信号传递均衡的讨论。在给定的信号传递均衡下，我们定义了均衡的教育水平 $\bar{y}$ 是高薪工作的一个入门条件或必备的先决条件——否则它就出自模型的外部。从个人的角度来看，这是一个必备条件，它来自信号传递博弈的内部。从外部来看，教育看起来似乎是富有成效的。对个人而言，教育确实是有效益的，但是，在这个例子中，它一点儿也没有提高个体实际的边际产出。

虽然我们已经假设教育是无效益的，但对这个模型来说，这一假设并不重要。比如，考虑表 3.2 中这个修改过的情形。

表 3.2   **教育有效益时的市场数据**

	边际产出	人数比例	教育成本
第Ⅰ组	$1 + y/4$	q_1	y
第Ⅱ组	$2 + y/4$	$1 - q_1$	$y/2$

假设雇主理念的形式与前面的那个相同，即

如果 $y < \bar{y}$，那么生产力 $= 1 + y/4$ 的概率是 1；

如果 $y \geqslant \bar{y}$，那么生产力 $= 2 + y/4$ 的概率是 1。

对一个均衡来说，必须是第Ⅰ组成员取 $y = 0$，第Ⅱ组成员取 $y = \bar{y}$。这会证实雇主理念。如果

$$1 > 2 + \bar{y}/4 - \bar{y}$$

那么第Ⅰ组成员将做出必要的选择，取 $y = 0$；如果

$$2 + \bar{y}/4 - \bar{y}/2 > 1$$

那么第Ⅱ组成员将取 $y = \bar{y}$。因此，如果

$$4/3 < \bar{y} < 4$$

我们发现雇主的理念在市场中得到了证实。博弈的结果见表 3.3。

表 3.3　　　　　　　　　　信号传递博弈的结果

	教育水平	工资	去掉信号传递成本的收益
第 I 组	$y=0$	1	1
第 II 组	$y=\bar{y}$	$2+\bar{y}/4$	$2-\bar{y}/4$

　　注意，表 3.3 中信号传递均衡的模式，在所有方面都与教育是无效益时的均衡模式类似。但是，教育的社会收益与个人收益却很不相同，倘若一个人想要通过在劳动力中比较工资与各种不同的教育水平间的关系来估算教育的社会收益，他可能会严重高估经济中教育对产出的贡献。

　　教育的个人收益和社会收益不同，针对这一断言，人们提出的一个尖锐异议可能是，在这个例子中，教育的社会收益并不真的为零。在当今社会中，我们不仅有信息问题，还有要把合适的人安排到合适的工作上的问题。在这个例子中，教育作为信号发挥作用，正在帮助我们恰当地处理这些问题。所以，人们有充足的理由反对这一断言。[①] 为了确定这个系统是多么有效或多么无效，我们必须考虑社会中市场分类程序的切实可行的替代品。但即便局限在市场模型内部，或多或少地也有一些有效的方法来完成市场分类。增加 $\bar{y}$ 一点也没有增加分类的质量，而仅仅是耗尽实际资源或精神资源。这只不过是换种方式说，市场存在帕累托劣信号传递均衡（Pareto inferior signaling equilibria）。

　　前面对均衡特征的分析显示，由于存在信号传递，可能所有小组都遭受了损失，但情况并非总是如此。比如，在信号传递均衡状态，如果 $\bar{y}<2q_1$，那么第 II 组成员的收益在教育作为信号有效运行时会比它无效益时要好。因此，在这个例子中，如果 $q_1>1/2$，则第 II 组占少数，那么存在一个信号传递均衡，在这个均衡处，相比无信号传递情形，第 II 组成员的状况得到改善。我们要记住，在无信号传递情况下，所有成员的工资统一是 $2-q_1$。

　　可以把这一部分的分析稍做推广。假设第 I 组成员的信号传递成本是 a_1y，第 II 组的是 a_2y。假如

$$q_1>a_2/a_1$$

那么通过少量的计算就可以得出，存在一个信号传递均衡，在这个均衡处，第 II 组成员的收益比无信号传递情况下的要高。第 II 组必须是一个

---

　　① 我很感谢兹维·格里利切斯（Zvi Griliches）和乔治·斯蒂格勒（George Stigler），他们让我注意到这个事实。我想澄清的是，存在无效的信号传递均衡这一事实根本不能成为抑制信号传递活动的理由。附录 E 更全面地分析了效率问题。

多么小的"少数"群体，才有可能从信号传递中获益，取决于这两组边际信号传递成本之比。

确定这个比率大小的计算简单直接。给定两组的信号传递成本，假定

$$1 > 2 - a_1\bar{y} \quad \text{且} \quad 2 - a_2\bar{y} > 1$$

那么这两组会做出必要选择来证实雇主理念。这两个条件很容易转换为下面这个关于 $\bar{y}$ 的约束条件

$$1/a_1 < \bar{y} < 1/a_2$$

现在，如果第Ⅱ组成员会在某个信号传递均衡处获益，那么他们一定是随着 $\bar{y}$ 尽可能地小而获益。因此有

$$2 - a_2/a_1 > 2 - q_1 \quad \text{或} \quad q_1 > a_2/a_1$$

值得注意的是，在这个系统中，还存在其他均衡，具有完全不同的性质。假设雇主期望（employer's expectations）具有如下形式：

如果 $y < \bar{y}$，那么是第Ⅰ组的概率为 q_1，是第Ⅱ组的概率为 $1 - q_1$；

如果 $y \geq \bar{y}$，那么是第Ⅱ组的概率为 1。

与前面的分析结果一样，能够令人信服地选取的 y 的值只有 $y = 0$ 和 $y = \bar{y}$。支付给教育水平 $y = 0$ 的工资是 $2 - q_1$，而支付给 $y = \bar{y}$ 的工资只是 2。从图 3.4 容易看出，只要 $\bar{y} > 2q_1$，两组成员都会理性地选取 $y = 0$。如果他们都这样做，那么雇主理念得到证实，则市场处于均衡状态。

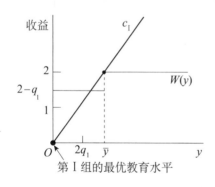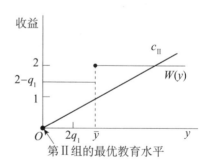

第Ⅰ组的最优教育水平　　　　第Ⅱ组的最优教育水平

图 3.4　两组的最优信号传递决策

在这个例子中，雇主关于生产力和教育之间关系的理念，对于 $y \geq \bar{y}$，也得到了证实，虽然证实的方法在一定程度上来说并不完美，但完全可以令人接受。因为完全不存在与这些教育水平有关的数据，所以，从逻辑上来说，不存在否定雇主理念的数据。这个例子表明，雇主理念可能会把某些群体从这个市场驱逐到另外一个劳动力市场，这一现象具有重要意义。我们无法在由一个雇主、一个市场构成的简单模型中捕捉

到这一现象。但当这种情况发生时，雇主没有可以利用的相关经验来改变他的理念。在后面的章节，我们会回头讨论这一问题。

在这种类型的均衡处，教育没有传递任何信息。事实上，我们已经把无信号传递模型中的工资及雇主的信息状态重现为一个信号传递均衡。

正如存在一个信号传递均衡，其中每个人都选取教育水平 $y=0$，同样存在一个信号传递均衡，对某个正数 $\bar{y}$，每个人都选取教育水平 $y=\bar{y}$。这个均衡需要的雇主理念是：

如果 $y<\bar{y}$，那么是第 I 组的概率为 1；

如果 $y\geq\bar{y}$，那么是第 I 组的概率为 q_1，是第 II 组的概率为 $1-q_1$。

遵照前面的分析模式，我们发现，如果

$$\bar{y}<1-q_1$$

那么这些理念在市场中自我证实。教育再一次没有传递有用信息，但是，在这个例子中，个体在理性地投资教育。如果他们没有投资教育，那么这会使他们得到更低的工资，并且损失的工资会超过没有投资教育而节省的成本。这种类型的信号传递均衡表明，对于各类工作，存在稳定的先决条件，这些条件，由于它们自身的存在性而不传递信息，因此没有任何功能。[①]

注意，这里有一个有趣的问题，后一种可能性一点也不取决于与生产力有关的成本。假设两组的信号传递成本都由单一变量 y 给出，进一步假设雇主理念如上所述，那么，假如

$$\bar{y}<1-q_1$$

则每个成员都会理性地选择 $y=\bar{y}$。最终结果相同。但有趣的是，由于教育成本和生产力没有任何关系，所以在这个市场的一个均衡处，从传递有用信息的意义上说，教育永远不会是一个有效信号（effective signal）。

这个模型展示了信号传递博弈对市场配置功能的某些影响。我们使用的数值化例子本身并不重要，由这个例子展示出的信号传递的潜在影响、传递模式才至关重要。

如果信号传递成本与个人未知的生产力负相关，那么一个可变特征就成为一个真实信号，比如，作为潜在信号的教育就是一个例子。事实上，负相关性是信号传递发生的一个必要条件，而非充分条件。以我们的模型为背景来理解这一点，假设 y 的取值只能是 1 和 3。也就是说，

---

① 关于这一点及相关问题的讨论，见 Ivar Berg, *Education and Jobs：The Great Training Robbery* (Boston：Beacon Press，1971)。

你只能有整段的单位长度教育。如果情况确实如此，那么就不存在 y 可取的值，对第Ⅱ组成员来说，获取教育是有价值的。因为三个单位的教育太多了，而一个单位的教育又无法把第Ⅱ组和第Ⅰ组区分开来。因此，有效的信号传递不仅依赖于成本与生产力负相关，还依赖于在合适的成本范围内存在"足够多"的信号。

均衡是在信息循环反馈的意义上来定义的，在一个信息循环中，雇主预期对不同的教育水平的员工支付不同的工资，而这反过来导致个体对教育进行投资。雇佣关系发生后，雇主会发现雇佣样本中教育水平和生产力之间的真实关系，而这一发现会使雇主修正他的期望或理念。自此一个新的循环开始了。于是，最好把均衡看作这样一组理念：它们被证实了，或至少与刚才描述的反馈循环最终产生的新数据不相矛盾。这样的理念会随着新成员源源不断地涌入市场而趋于持久。

迄今为止，还未曾考虑的一个问题是，当雇主了解到个体实际的生产能力之后会发生什么。很有可能会发生某类工作调整，而这个人可能返回就业市场。那时，他将开始新的博弈；但是，这一次的工作经历将成为他的可以观察到的特征的一部分，并且，有一个雇主比其他雇主更加了解他。当然，他也可能留在最初的雇主那里。在一个具有与我们一直研究的这个简单模型相同特征的模型中，可以捕捉到这一过程。但这个模型更一般，也更复杂。[①]

现在，我们以刚刚研究的这个模型为背景，对就业市场信号传递进行小结。我们研究的就业市场确实有可能存在多个均衡（multiple equilibria）；并且有些均衡可能帕累托劣于其他均衡。作为一个潜在信号，教育的个人收益和社会收益不同。由于存在信号传递，有时每个人都遭受损失，而有时有人获益也有人受损。由于市场的均衡布局（equilibrium configuration）存在任意性，所以人们确实有可能系统地过度投资教育。在原子论行为背景下（到目前为止，我们一直这样假设），每个人都对市场状况做出理性反应。信息通过教育信号传递给雇主。在我们讨论的例子中，有一些是完全信息；在其他情况下，则并非完全信息。[②] 在信号传递成本中会有随机变化，这会使雇主无法彻底区分具有不同生产能力的个体。

---

① 见附录Ⅰ，一个信号传递和职业选择的流动模型。

② 在后面关于信号传递成本的随机性一章里，我们发现信号传递成本与工作效率间的不完全相关性对雇主产生了不完全信息。为清楚起见，这里我一直在处理完全相关的、不太现实的情况。

最后，对教育信号传递博弈做几点说明。在我们研究的例子中，用标量（scalar quantity）测度教育，这个标量不必是一维数值，我们可以把教育看作一个多维标量：受教育年限、教育机构、成绩、推荐信等等。这里所说的多维标量，与传统的标量相比，在概念结构中没有做基本调整。类似地，也没有必要只考虑两组人，可能有多组人，甚至是一个连续的人流，有些人适合某些类型的工作，而另一些人适合另一些类型的工作。同样地，教育也不需要是严格无效益的，正如有一个例子所展示的那样，当教育是有效益的时，可能会发生相同类型的信号传递均衡模式。但是，如果相对于投入成本来说，教育太有效益的话，那么每个人都会大量投资教育，从而教育可能不再具有信号传递功能。

一个连续的例子

这时，读者可能会对如下阐述产生怀疑、市场均衡的这些有点不同寻常的性质，取决于这些例子中人为构造的性质。特别地，有人可能会对如下阐述产生怀疑：多个均衡的存在取决于个体生产力可以取多个离散的值。虽然我会在附录部分证明这些信号传递现象的一般性，但为了消除读者的疑惑，现在先简要证明相同例子的连续形式也具有类似性质。

令 n 表示生产力，是一个随着就业人数的连续变化而变化的量。假设一个具有生产力 n 的个体获取教育水平 y 的成本是 y/n。在均衡状态下，雇主会用具有如下形式的函数

$$n = f(y) \tag{3.1}$$

利用 y 来预测 n。

我们的目标是找到一个均衡 $f(y)$。假设给定某个函数 $f(y)$，那么具有生产力 n 的个体，通过使

$$f'(y) = \frac{1}{n} \tag{3.2}$$

成立，来最大化信号传递的净收益 $f(y)-y/n$。对应的二阶条件是

$$f''(y) < 0 \tag{3.3}$$

在均衡状态下，$f(y)$ 必须是 n 的一个准确预测，即 $n = f(y)$。用它替代（3.2）式中的 n，得

$$f'(y) = \frac{1}{f(y)} \tag{3.4}$$

这是一个关于 $f(y)$ 的一阶微分方程。任何一个函数 $f(y)$，只要它能确定一组均衡的雇主期望，就都满足（3.4）式。（3.4）式的解是含有一个参数的一组曲线

$$f(y) = (2y + k)^{1/2} \tag{3.5}$$

其中，k 是参数。这些解中的任意一个都确定了市场中的一个均衡条件分布。注意，

$$f''(y) = -(2y + k)^{-3/2} < 0 \tag{3.6}$$

正是（3.3）式所要求的二阶条件。

给定函数 $f(y)$，个体通过使

$$(2y + k)^{-1/2} = \frac{1}{n} \tag{3.7}$$

或

$$y(n) = \frac{n^2 - k}{2} \tag{3.8}$$

成立，来最大化他的收益。由此得到的去掉信号传递成本后的收入是

$$c(n) = \frac{n}{2} + \frac{k}{2n} \tag{3.9}$$

于是

$$f(y(n)) = \left[2\left(\frac{n^2 - k}{2} \right) + k \right]^{1/2} = n \tag{3.10}$$

这正是一个均衡需要满足的条件。

注意，由（3.8）式和（3.9）式可知，给定生产力水平 n 时，减小任意常数 k 会增加教育的购买量，并减少去掉信号传递成本后的收入。还要注意，在这个例子中，降低 k 对低水平 n 的人的损害更大，损害的大小，由去掉信号传递成本后收入的绝对变化来衡量。而在离散模型中，增加 $\bar{y}$ 只损害高生产力类型群体的收益。

我希望这个例子表明多个均衡是市场规律，而不是例外情况。这个问题在附录中会得到更加详细的论述。

第4章 模型3：教育和种族
——指标的信息影响

在教育信号传递模型中，教育是一个信号，是模型唯一关注的可以观察到的特征，而其他可以观察到的特征全部被忽略了。在这一章和下一章，我们会考虑指标的信息影响（informational impact），因此会关注可以观察到的其他特征，比如种族。读者应该记得，指标是可以观察到的、不可改变的特征。为具体起见，我们以种族为例来分析指标的信息影响。但是，正如在第一个模型中，教育代表一组可以观察到的、可以改变的特征，这里种族将代表那些可以观察到的、不可改变的特征。读者也可以按照自己的意愿，用性别、国籍、身高、犯罪记录、警方记录、服务记录等来代表指标；这些特征可能是一个人个人历史的公开信息，当然回头来看，它们是不可改变的。

模型3a：低水平均衡困境及多个均衡

假设有两组人，黑人和白人，分别用 B 和 W 表示，在本文余下部分会一直采用这些符号。在每一组内部，生产能力的分布和信号传递成本的发生率相同。于是，在 B 组内部，生产力为 1、信号传递（教育）成本为 y 的人数比例是 q_1，剩余人员的生产力为 2、信号传递成本为 $y/2$。W 组的内部情况也是如此。这些假设条件见表 4.1。

表 4.1   模型数据

种族	生产力	教育成本	组内人数比例	总人口中的人数比例
W	1	y	q_1	$q_1(1-b)$
W	2	$y/2$	$1-q_1$	$(1-q_1)(1-b)$
B	1	y	q_1	$q_1 b$
B	2	$y/2$	$1-q_1$	$(1-q_1)b$

这里，b 是黑人占总的求职人数的比例。

给定这些假设条件，我们关注的核心问题是"种族如何能对市场产生信息影响"。我认为，指标确实对市场具有潜在影响。

在上述假设条件下，从两组求职者中随机挑选出一人，则假定这个人是黑人（或白人）时他的生产力为2的条件概率，与这个人的生产力是2的无条件概率相等，都是 $1-q_1$。这表明在我们考察的求职者群体内，生产力和种族无关。这时，表 4.1 实际上退化为表 2.1。因此，单凭种族这一特征本身，永远不能告诉雇主有关求职者生产力的任何信息。

这表明，如果种族具有任何信息影响，那么这一定是通过它与信号传递博弈的相互作用而产生的。但是，该问题又一次有一个令人困惑的对称性：在给定的假设条件下，生产力相等的黑人和白人具有相同的信号传递（教育）成本。经济学中有一个一般性原则，即，具有相同偏好（preferences）和机会集（opportunity sets）的人会做出相似的决策，并且他们的最终状况也相似。反过来，由于人们会最大化去掉信号传递成本后的收入，所以他们的偏好相同；又因为信号传递成本相同，因此看起来他们的机会集也相同。于是，人们又一次得到这个结论：种族没有信息影响。但由于下面这个有趣的原因，这个结论是错误的。

生产力相当的黑人和白人的机会集不一定相同。为了理解这一点，让我们回到前面那个简单的教育信号传递模型。在那个模型中存在外部性（externalities）。一个人的信号传递策略或决定会影响雇主得到的那些市场数据，而新生成的数据反过来会影响雇主的条件概率；雇主的条件概率决定了雇主提供给具有不同教育水平的雇员的工资，进而决定了就业市场中下一个群体的教育回报率。把这个信号传递机制做一重大调整后应用到现在这个问题。如果雇主的概率分布是建立在种族和教育上的条件分布，那么一个白人的信号传递决策的外部影响只能被其他白人察觉到，而一个黑人的信号传递决策只能被黑人察觉到。

如果在某一时刻，黑人和白人以不同的方式投资教育，那么在下一轮博弈中，黑人和白人的教育回报就会不同，即他们的机会集不同。我们还需要严谨地加以证明，这种情况在均衡状态下能够持续存在。但是，重要的一点是，下面这个实际情况中隐含有外部性：由看起来一模一样的人组成的群体中的个体被看作这个群体的平均一员，也就是说，同一个群体中的个体是无差异的；于是，尽管每一个群体都具有这个特点，但两个或多个明显可区分的群体面对的机会集事实上可能并不相同。

雇主现在需要考虑两个潜在信号（potential signals）：教育和种族。一开始时他并不知道生产力是否与教育或种族有关。但是，不提供信息的潜在信号在达到均衡的过程中被自然丢弃，所以我们来分析模型的均衡，以判断教育和种族的信息影响。如前面的模型 2 中确定均衡的方法那样，有必要先猜测出雇主期望的一个均衡形式，然后证明这些猜测出的理念可以通过市场信息反馈机制进行自我证实。让我们尝试如下形式的雇主理念：

如果是 W 组且 $y < \bar{y}_W$，那么生产力 = 1 的概率是 1；

如果是 W 组且 $y \geq \bar{y}_W$，那么生产力 = 2 的概率是 1；

如果是 B 组且 $y < \bar{y}_B$，那么生产力 = 1 的概率是 1；

如果是 B 组且 $y \geq \bar{y}_B$，那么生产力 = 2 的概率是 1。

这些理念导致如图 4.1 所示的提供工资 $W_W(y)$ 和 $W_B(y)$。

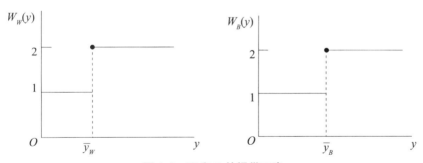

图 4.1　W 和 B 的提供工资

因为雇主可以区分 W 组和 B 组，所以从雇主期望来说，它们的提供工资没有关联。把简单的教育信号传递模型中使用的推理应用到这里，得到 $\bar{y}_W$ 和 $\bar{y}_B$ 需要满足的均衡条件分别是：

$$1 < \bar{y}_W < 2$$

和

$$1 < \bar{y}_B < 2$$

均衡分析的结果表明，$\bar{y}_W$ 和 $\bar{y}_B$ 之间没有数学关联。[①] 均衡如图 4.2
所示。

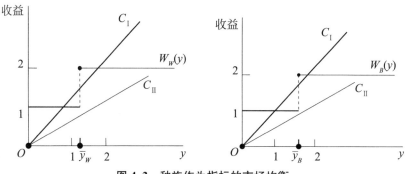

图 4.2 种族作为指标的市场均衡

实质上，我们只是重复分析了一遍教育信号传递模型。因为种族是可以观察到的，所以雇主能够依据种族和教育做出他的条件概率评估，这使 W 组和 B 组的信号传递之间完全不存在相互依存关系，从而使白人和黑人被各自独立地安置在市场信号传递均衡布局中。但在第一个模型中不止存在一个均衡，而是有多个均衡。因此，至少从逻辑上来说，白人和黑人可能会被安置到不同的信号传递均衡，并一直待在那里。

前面我们已经注意到，从社会福利的角度来看，信号传递均衡并不等价。$\bar{y}_W$（或 $\bar{y}_B$）越大，W 组（或 B 组）的收益就越糟糕，或者更准确地说，W 组（或 B 组）中高生产力的那一部分人的收益就越糟糕。$\bar{y}_W = 1.1$ 和 $\bar{y}_B = 1.9$ 给出了一个不对称均衡的例子。在这种情况下，为了使雇主相信他们属于高生产力群体，高生产力的黑人不得不在教育上花费更多，剩下的小部分收入则被用于消费。

注意，在每一组内部，高生产力与低生产力的人数比例不影响市场信号传递均衡。因此，最初假设这两组生产力的分布和信号传递成本的发生率相同就显得多余了。更准确地说，这个假设对这种类型的均衡来说是多余的。但是，教育信号传递模型表明，还有其他类型的均衡，在那些均衡中，这些比例很重要。下面就来分析这个人数比例在其他类型均衡下的作用。

因为从均衡的角度来看，黑人和白人确实相互独立，所以他们可能

---

① 在我们的简单模型中，一个人的边际产出并不依赖于相同的投入品和其他投入品要素。否则，白人和黑人实际的边际产出就不会独立于每一群体的雇佣人数，但还会继续独立于信号传递。非常值边际产出的模型见附录 D。

会被安置到不同类型的均衡中。因此，回顾第 3 章模型 2 中不同雇主理念下不同类型的均衡，一方面，可能是高生产力的白人取信号传递水平 $y = \bar{y}_W = 1.1$，其他的白人取 $y = 0$；另一方面，也可能是所有黑人都取 $y = 0$，在这种情况下，所有黑人获得的工资都是 $2 - q_1$，并且信号传递的上分界点 $\bar{y}_B$ 必须大于 $2q_1$（见图 4.3）。注意，在这种情况下，支付给包括低生产力黑人在内的所有黑人的工资将高于支付给低生产力白人的工资。当然，就所收到的工资来说，高生产力黑人受到损害。但是可以想象的是，高生产力黑人信号传递的净回报会更高。换句话说，可能是

$$2 - q_1 > 2 - \bar{y}_B / 2$$

当 $2q_1 < \bar{y}_B$ 时，这种情况就会发生。

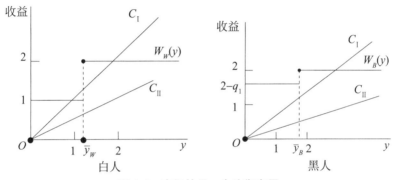

图 4.3　市场的另一个均衡布局

从外部来看这种情况，有人可能认为由于缺乏教育，导致生产力下降，所以黑人收到的工资比有些白人的低。于是，人们可能会到就业市场之外去寻找教育缺失的原因。然而，在这个模型中，刚刚提议的分析是错误的，因为引起信号传递和工资差别的根源就在市场本身的信息结构中，无须到市场外部去寻找原因。下一章我们会考虑信号传递成本差异的影响。

由于 B 组和 W 组在信号传递方面各自独立，所以任取模型 2 的一个均衡并把它分配给 W 组，然后再任取模型 2 的一个均衡并把它分配给 B 组，由此可以生成很多均衡布局。不过，逐一列出所有均衡而得到的均衡布局在现阶段看来似乎毫无意义。

指标对就业市场的表现还可能有其他的影响，除此之外，指标和信号之间的相互作用还可能造成两个或多个不同群体的信号传递均衡布局的任意差异。于是，在这些群体中，很可能有一些群体相比其他群体来

说处于劣势；也有可能一个群体的某些子群体与其他群体具有可比性的子群体相比来说处于劣势。因为生成均衡的机制是一个循环反馈机制，所以人们可能会延用缪尔达尔（Myrdal）和其他一些人的思想，把处于劣势的群体的状态称为一个恶性循环（vicious cycle），尽管这也是一个建立在信息基础上的循环。或者，人们也可以把处于劣势的群体的状态称为低水平均衡困境（lower-level equilibrium trap），它表达的意义是，一旦达到这种状态，状态能够持续存在的原因在于模型的内生因素。于是，教育模型的多个均衡可以转化为两个群体的任意不同的均衡布局及社会地位，群体按照可以观察到的、不可改变的特征来划分。①

---

① 在下一章，我们将考察采用在雇佣过程中抑制种族指标的可见性这一政策的效果。

第**5**章　模型**3b**：信号传递成本差异

如果 W 组和 B 组的教育成本不同，那么这会影响信号传递均衡及市场的信息结构。面对同一组求职者，公正的雇主在进行概率评估时往往会对信号传递成本高的人给予补偿。他在解读市场的历史数据时会自动这样做，而不需要知道 B 组的教育成本比 W 组的高。

表 5.1 是对模型 3a 做了修改后得到的数据，以此为例来看看在上述假设下市场会产生什么样的结果。

表 5.1 信号传递成本差异模型数据

种族	生产力	教育成本	组内人数比例
W	1	y	q_1
W	2	$y/2$	$1-q_1$
B	1	$2y$	q_1
B	2	y	$1-q_1$

与模型 3a 相比，这里只是提高了黑人的信号传递成本。与前文的假设相同，雇主理念建立在临界水平 $\bar{y}_W$ 和 $\bar{y}_B$ 上。如果 $y \leqslant \bar{y}_B$（或 $\bar{y}_W$），那么假设生产力为 1；否则，生产力为 2。

提供工资函数和均衡选择如图 5.1 所示。

为了得到一个均衡，$\bar{y}_W$ 和 $\bar{y}_B$ 要满足的条件分别是

$$1 < \bar{y}_W < 2$$

和

$$0.5 < \bar{y}_B < 1$$

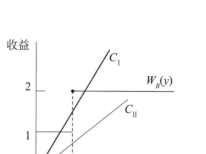

图 5.1　市场均衡

$\bar{y}_W$ 的取值范围与模型 3a 的相同，但是 $\bar{y}_B$ 的取值区间往左偏移。

在图 5.2 和后面类似的图形中，每一个格子中左上角的数字表示工资，右下角的数字表示去掉教育成本后的收益。

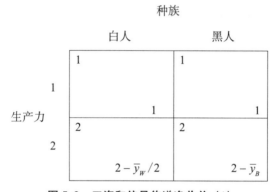

图 5.2　工资和信号传递净收益（1）

由于每一组的均衡布局结果都不确定，所以无法指出哪一组会从信号传递成本差异中获益。但是，如果 $\bar{y}_W$ 在区间（1，2）上所有可能的取值机会均等，$\bar{y}_B$ 在区间（0.5，1）上所有可能的取值机会也均等，那么这两组净收益的预期差额为零。于是，我们真正得到的结论是：信号传递成本差异（signaling costs differential）得到完全补偿。而引起成本差异的根源，如果存在一个根源的话，那么会在模型 3a 描述的机制中找到。所以，信号传递成本差异本身不会导致信号传递博弈中两组净收益的不同。

这种类型的信号传递均衡中不会出现工资级差（wage differentials），每一个人的工资都是他的实际边际产出。但是，确实存在一些均衡，在其中可以观察到工资级差。可能产生这类均衡的雇主理念如下如果是 W 组且 $y<\bar{y}_W$，那么生产力 $=1$ 的概率是 1；

如果是 W 组且 $y\geqslant\bar{y}_W$，那么生产力 $=2$ 的概率是 1；

如果是 B 组且 $y<\bar{y}_B$，那么生产力 $=1$ 的概率是 q_1，

　　　　　　　　　　　生产力 $=2$ 的概率是 $1-q_1$；

如果是 B 组且 $y\geqslant\bar{y}_B$，那么生产力 $=2$ 的概率是 1。

如果白人遵循与前文相同的选择模式，而所有黑人都取 $y=0$，那么这些理念将被证实。能让这一切发生的 $\bar{y}_W$ 和 $\bar{y}_B$ 所需的条件分别是

$$1<\bar{y}_W<2$$

和

$$\bar{y}_B>q_1$$

前一个条件与前文分析的结论相同，但后一个条件却不同。

这个例子中的工资和信号传递净收益情况如图 5.3 所示。

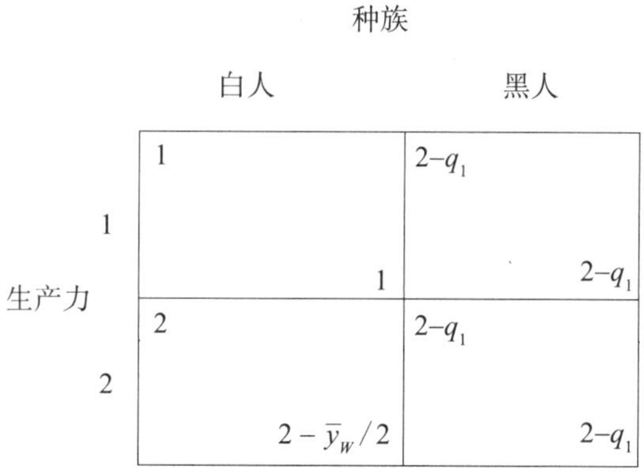

种族

图 5.3　工资和信号传递净收益（2）

由于黑人面对的信号传递成本比较高，所以为了使高生产力黑人选择低水平教育这一行为看起来合理，$\bar{y}_B$ 不必很高。模型 3a 中没有成本差异，在这个模型下检验上述情况，我们发现 $\bar{y}_B$ 需要满足的条件是

$$\bar{y}_B>2q_1$$

而在这里，$\bar{y}_B$ 只要一半大小就可以在 W 组和 B 组中产生不对称的信号传递模式。而且，因为一旦得到一个无人投资教育的局面，那些取 $y=0$ 的人（即所有黑人）的工资就从 1 升到 $2-q_1$，所以这种效果就被加强了。

在两组都有兴趣投资教育的情况下，信号传递成本高的那一组的教育必备条件 $\bar{y}$ 就比较低。简单地说，或从外部来看，这看起来可能像逆向歧视（reverse discrimination）。但如果就具有相同生产力的人的

工资来说，评判标准是平等对待的，这不是逆向歧视。事实上，在奖励生产能力方面的无区别对待，意味着在信号方面的区别对待。反之，在信号方面的无区别对待，意味着在工资和生产能力方面的区别对待。

抑制潜在指标

一个信号传递机制（signaling mechanism）能够允许两个或多个群体被安置到不同的信号传递均衡中，这些群体按照可以观察到的、不可改变的特征来划分。两个或多个群体之间信号传递成本的系统差异，对信号传递具有影响。如果一个指标是造成对不同群体区别对待的基本因素，那么人们自然会寻找方法来抑制这个指标，使雇主难以观察到或根本不可能观察到这个指标。比如，在一个稍微不同的情景下，大多数高校至少在名义上拒绝获取申请人的种族、宗教信仰等信息。

抑制指标（suppressing indices）这个问题不仅局限在种族上。性别也是一个指标，在信号传递均衡状态下，男、女在不同类型工作中是不对称的，而性别可能是造成这一现象的信息基础。类似地，对于警方记录、拘捕、判刑、医疗健康信息、服务记录、过去的政治背景等潜在指标，都有重要的相关政策约束。所有这些指标，如果雇主能够轻易获取，那么会具有与种族在前面两个模型中等同的潜在影响。

当然，抑制指标困难重重。比如，一方面要抑制种族和性别这样的指标，只能消除面对面的接触，但雇主当前却正需要面对面的接触来做出雇用与否的决定。另一方面，这个问题不是如查看犯罪记录这样的小问题。控制指标的技术是一个大课题，稍后会对它做简要处理。当下我所关心的问题是：不平等对待的根源是什么？抑制指标对均衡有什么样的影响？

命题： 如果两个群体在均衡状态下的任意一项差异是造成对这两个群体不平等对待的根源，而除了这一差异之外，这两个群体在生产能力和信号传递成本方面的情况类似，那么抑制区分这两个群体的那个指标将消除不平等对待。另外，如果这个根源是信号传递成本方面的不同，那么抑制这个指标会产生工资歧视，同时还可能损害高信号传递成本群体的利益。

我们用一个简单的例子来说明这一命题，有关数据见表 5.2。

种族	生产力	教育成本	组内人数比例	总人口中的人数比例
W	1	y	q_1	$q_1(1-b)$
W	2	$y/2$	$1-q_1$	$(1-q_1)(1-b)$
B	1	$2y$	q_1	$q_1 b$
B	2	y	$1-q_1$	$(1-q_1)b$

表 5.2　　　　　　　　　　　　模型数据

其中，b 是黑人在总人口中的人数比例。

在均衡状态下，如果 B 组中所有人和 W 组中低生产力的人都取 $y=0$，那么雇主理念将采取如下形式：

如果 $y<\bar{y}$，那么生产力 $=1$ 的概率是 r，

生产力 $=2$ 的概率是 $1-r$；

如果 $y \geqslant \bar{y}$，那么生产力 $=2$ 的概率是 1。

（注意，由于抑制指标，所以 y 是唯一的信号。）r 所需的值由下式给出

$$r=\frac{1}{1+b\dfrac{1-q_1}{q_1}}$$

为具体起见，令 $b=0.1$，$q_1=0.375$，解得 $r=6/7$。

在给定的雇主理念下，提供工资为

如果 $y<\bar{y}$，那么 $W(y)=8/7$；

如果 $y \geqslant \bar{y}$，那么 $W(y)=2$。

具体如图 5.4 所示。

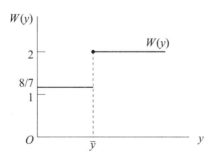

图 5.4　教育的提供工资

有必要验证所有群体和子群体都做了必要的选择。

1. W 组且生产力 $=1$：

如果 $8/7>2-\bar{y}$，那么取 $y=0$。

2. W 组且生产力 = 2：

如果 $2-\bar{y}/2>8/7$，那么取 $y=\bar{y}$。

3. B 组且生产力 = 1：

如果 $8/7>2-2\bar{y}$，那么取 $y=0$。

4. B 组且生产力 = 2：

如果 $8/7>2-\bar{y}$，那么取 $y=0$。

注意，条件 1 和 4 相同。这两个群体因为教育成本相同，并且无法被区分开来而面对相同的工资，所以在均衡状态下，它们总会做出相同的信号传递决策。在这种类型的市场信号传递博弈中，这一结论享有与一个非常普遍的定理一样的地位。

于是，如果

$$6/7<\bar{y}<12/7$$

那么市场处于均衡状态。两个群体的均衡收入如图 5.5 所示。

接下来，我们对这里得到的结论与没有抑制指标情况下得到的结论进行比较。作为参考，后一种情况结果见图 5.6。

种族

	白人	黑人
1	$\dfrac{8}{7}$　　　　$\dfrac{8}{7}$	$\dfrac{8}{7}$　　　　$\dfrac{8}{7}$
2	2　　　　$2-\dfrac{\bar{y}}{2}$	$\dfrac{8}{7}$　　　　$\dfrac{8}{7}$

生产力

图 5.5　工资和净收入

种族

	白人	黑人
1	1　　　　1	1　　　　1
2	2　　　　$2-\bar{y}_W/2$	$2-\bar{y}_B$

生产力

图 5.6　均衡工资和净收入

$\bar{y}_W$ 和 $\bar{y}_B$ 的约束条件分别是

$$1 < \bar{y}_W < 2$$

和

$$0.5 < \bar{y}_B < 1$$

对两种情况下的工资和净收入进行比较，有如下区别值得我们注意。

1. 生产力为 1 的所有人的工资从 1 提高到 8/7。

2. 高生产力白人的工资都是 2。

3. 高生产力黑人的工资从 2 降到 8/7。

4. 所有低生产力个体的收入都提高了 1/7。

5. 高生产力白人净收入的变化正负难以确定。如果 $\bar{y} = \bar{y}_W$，那么抑制指标时他们的净收入会提高。注意，$\bar{y}$ 的取值区间是 (6/7，12/7)，而 $\bar{y}_W$ 的取值区间是 (1，2)，所以我们有可能得到 $\bar{y} < \bar{y}_W$。

6. 高生产力黑人的净收入从 $2 - \bar{y}_B$ 变到 8/7，$\bar{y}_B$ 的取值区间是 (0.5，1)。如果 $\bar{y}_B$ 小于 6/7，那么这个群体的净收入会减少。因此，对这个取值区间内大部分的值，抑制指标会损害这个群体的收入。只有当 $\bar{y}_B > 6/7$ 时，抑制指标才会有益于高生产力黑人。

不需要进一步的分析，结论已然清楚：如果没有信号传递成本差异，抑制指标会消除相关群体在均衡布局中的任何不同，并且没有上述讨论的任何一个附带效果。抑制指标在消除低水平均衡困境方面确实有效，但当社会教育（或其他信号传递）成本中存在系统差异时，这一做法可能会产生意外的、不良的后果。这些系统差异源自歧视或劳动力市场中其他的外在因素，而这很可能正是这个问题需要全力处理的地方。我在这里的目标并不是要处理这一问题（我当然也没有这样做），而是想引起大家关注建立在市场信号传递博弈基本数据上的各种策略引发的后果。

但是，有一点是明确的，即，如果存在信号传递成本差异（这一原则在就业市场之外也应用良好），那么就不可能同时在信号方面和基本生产力方面避免歧视。不能区分前者就会在后者中产生歧视。于是，尽管人们依然可能采用抑制指标的方法来防止雇主偏见对市场的影响，但这充其量不过是一个冒险策略。

抑制信号这个简单原则的不足之处，许多招生委员都含蓄地承认了，虽然在做录取决定的过程中，他们依然秉持着不考虑种族或其他类似因素的原则，然而事实上，为了公平起见，他们发现，在大学预科阶段，补偿许多遭受极端教育弊端折磨的少数族裔学生不仅是可取的，也是必要的。总的来说，鉴于各种各样的能力都必须从有限的信息——如教育表现这样的信号、考试成绩这样的指标——中间接地加以评估，并且由于歧视及正在考虑的这个特定市场以外的其他因素造成这些信号对不同群体意味着不同的东西，所以坚持无视肤色原则可能不尽如人意。

第*6*章 模型 4：信号传递成本中的随机性

在模型 2 的教育信号传递中，我们假设教育成本与生产力是完全负相关的。在那个模型的框架结构中，至少在某些市场均衡布局中，这一假设使教育水平 y 成为准确预测生产力的基础。我们希望能够放松这个有点不切实际的假设条件，并确定这一做法对信号传递均衡的影响效果。前面模型中观察到的均衡模式，在做了一些有趣的调整之后，基本上都被保留了下来。

我们打算将在执行信号传递活动中产生的多种成本也包含到信号传递成本中去。其中有些成本是主观的，比如，有一个人可能觉得接受教育的过程令人极端不愉快，但另外一个能力与他相当的人却十分享受这一过程。此外，我们还可以扩展"信号传递成本"的含义，使它包含对特定工作的喜好差别。这种类型的主观因素，因为雇主无法观察到，所以往往会引起具有同样生产潜力的个体信号传递行为的变化。这些变化如果与雇主可以观察到的任何事物都不是完全相关的，就被称为随机变化（random variations）。

信号传递成本中的随机性还可能有第三个来源，即，引起信号传递成本差异的根源可能存在非主观性因素，而雇主很难观察到它们。一个可能的例子就是父母的收入。穷困家庭的孩子在接受教育时实际付出的成本往往比富裕家庭的孩子要高。注意，父母的收入是无法直接观察到的。雇主可能会问到这一问题，但对精明老练的求职者来说，报低父母的收入是件相对容易的事。因此，即使雇主询问家庭收入情况（顺便说，雇主一般不会这样做），他也不会得到可靠的答案，所以这个"信息"的价值相对很小。

信号传递成本中的随机性可能由与信号传递活动或与这份工作有关

的主观性因素引起，也可能由求职者信号传递成本中无法观察到的或无法区分的实际差别引起。无论引发的原因是什么，其结果是个体生产能力产生了随机变化。由于这些个体展示出的特征信号相同，因此在雇佣过程中，他们在雇主看来都是一样的。我们把模型2调整后作为例子来说明这一问题。

假设把高生产力群体分成两组，分别用第Ⅱ.a组和第Ⅱ.b组表示。第Ⅱ.a组的信号传递成本函数与之前的相同，是 $y/2$；第Ⅱ.b组的信号传递成本提高到 y，因此就与第Ⅰ组的相同（见表6.1）。

表6.1　　　　　　　　　　市场数据

小组	生产力	教育成本	人数比例
第Ⅰ组	1	y	1/3
第Ⅱ.a组	2	$y/2$	1/3
第Ⅱ.b组	2	y	1/3

为具体起见，读者可以把第Ⅱ.b组想象为因父母贫穷造成信号传递成本高的高生产力群体。

在信号传递均衡状态下，第Ⅰ组成员和第Ⅱ.b组成员的行为表现总是相同的。他们无法被区分开来，并且具有相同的信号传递成本。这意味着在市场均衡状态下，雇主常常会把他们混为一谈。也没有信号传递机制能区分他们。

在均衡状态下雇主理念很可能具有如下形式：

如果 $y < \bar{y}$，那么生产力 = 1 的概率为 $1/2$，

生产力 = 2 的概率为 $1/2$；

如果 $y \geq \bar{y}$，那么生产力 = 2 的概率为 1。

提供工资是如图6.1所示的阶梯函数。

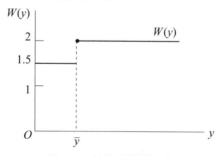

图6.1　教育的提供工资

如果第Ⅰ组和第Ⅱ.b 组取 $y=0$，第Ⅱ.a 组取 $y=\bar{y}$，那么市场经验就证实了雇主理念。而这样的取值应满足的条件是

$$1.5 > 2 - \bar{y}$$

和

$$2 - \frac{\bar{y}}{2} > 1.5$$

因此，$\bar{y}$ 的取值范围是

$$0.5 < \bar{y} < 1$$

均衡结果如图 6.2 和表 6.2 所示。

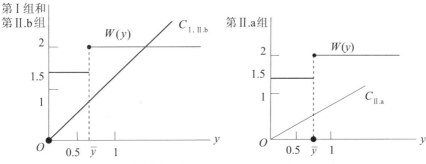

图 6.2　均衡下的最优教育选择

表 6.2　　　　　　　　　　　　　工资和净收入

	第Ⅰ组	第Ⅱ.b 组	第Ⅱ.a 组
工资	1.5	1.5	2
净收入	1.5	1.5	$2 - \bar{y}/2$

这种信号传递均衡的基本模式与那些已经观察到的模式很相像，有一段连续区间的均衡。在区间（0.5，1）内增加 $\bar{y}$ 会损害第Ⅱ.a 组的利益，并且对任何人都没有好处；第Ⅱ.b 组成员收到的工资低于他们的生产力水平，而第Ⅰ组成员收到的工资却高于他们的生产力水平。事实上，由于第Ⅱ.b 组成员的教育成本太高，他们无法将自己与第Ⅰ组成员区分开来，因而第Ⅰ组成员成为主要的获益者。当然，只要做一个微小的调整，就可以允许生产力随着雇佣人数而变化。要是这样做了的话，由于第Ⅱ.b 组高昂的成本有效地消除了这个群体成员间的竞争，那么第Ⅱ.a 组将获益。

雇主不再接收完全信息。在这个例子中，当 $y=0$ 时，雇佣等于购买一份真正的彩票。如果雇主是风险厌恶的（risk-averse）（到目前为

止，他一直是风险中性的），那么这可能会影响到他的雇佣行为。[1] 信号传递成本中的随机性不一定要使教育成为一个无用信号。事实上，只要假设有一部分信号传递成本随生产力而系统地变化，那么就有相当多的随机性允许存在一个有效信号。

引发随机性（这里所说的随机性，总是指从雇主角度来看的随机性）的根源有两种不同类型。第一种根源本质上是主观因素，是个人喜好问题。人们想知道，由于厌恶教育，从而要想以良好形象出现在市场中就需要付出更高的信号传递成本，这是否为市场筛选机制（screening mechanism）的一个合适的组成部分。第二种根源是在获取教育的过程中发生的实际资源成本差别或机会成本差别。如果引起这些差别的来源能有效地瞒过雇主，那么它们就与随机性有关。当情况确实如此时，筛选机制是歧视性的（discriminatory）。高生产力、高信号传递成本的人的投资方式，总是与低生产力、低信号传递成本的人相似。于是，在雇主看来他们都是一样的，因此他们收到的工资是相同的。从某种意义来说，前一群体补贴了后一群体。这一点可以通过使用某个信号提高人们的平均生产力来达到。

信号传递成本中的随机性的一个连续模型

在讨论教育信号传递时，我们检验了市场均衡模型的一个连续形式。在那个模型中出现了多个均衡，并且均衡的结构与离散模型中发现的类似。在这里，我们把具有随机性的离散模型推广到连续情形。

假设和符号

1. 生产力是一个随机变量，用 n 表示。

2. 教育信号传递成本为 θy，其中 θ 是一个随机变量。

3. n 和 θ 在人口上的联合分布（joint distribution）为 $q(n, \theta)$。因为 n 和 θ 是不可改变的属性，所以这个联合分布定义完好。

4. $W(y)$ 表示给定 y 时 n 的期望值，也是提供工资函数。

我们要解决的问题是找到条件概率的一个均衡集，或者找到一个均

---

① 关于雇主风险厌恶对雇佣决策影响的讨论，见附录 C。

衡工资函数 $W(y)$。假设 $W(y)$ 已知。一个接受 y 单位教育需要花费 θy 美元的人，他选择最优教育水平的一阶条件是

$$W'(y) = \theta \tag{6.1}$$

二阶条件是

$$W''(y) < 0 \tag{6.2}$$

一旦做出这些最优决策，我们就可以在联合分布 $q(n, \theta)$ 中用 $W'(y)$ 替代 θ，来找到 n 和 y 的新的联合分布。令 $p_W(n, y)$ 是这个新的联合分布。对固定的 n 运用变量代换，得到

$$p_W(n, y) = q(n, W'(y)) \, | \, W''(y) \, | \tag{6.3}$$

利用 n 和 y 的新的联合分布，我们计算出给定 y 时 n 的期望值是

$$E(n \,|\, y) = \frac{\int n p_W(n, y) \mathrm{d}n}{\int p_W(n, y) \mathrm{d}n} \tag{6.4}$$

在均衡状态下，这个期望值必须等于 $W(y)$。于是，均衡可以由下面的关系式进行定义

$$\frac{\int n q(n, W'(y)) \mathrm{d}n}{\int q(n, W'(y)) \mathrm{d}n} = W(y) \tag{6.5}$$

像前面遇到的一样，这是一个关于 $W(y)$ 的一阶微分方程，该方程有一组解，解的形式是含有一个参数的一族曲线。这些解就是这个随机模型的多个均衡。

通过假设 $q(n, \theta)$ 是一个二元正态密度函数，我们可以在一个特定情况下推出提供工资 $W(y)$ 的均衡集。事实上，因为我们不希望 n 或 θ 是负值，所以我们假设 $q(n, \theta)$ 非常接近正态分布，并把它作为正态分布来对待。令

$\bar{n} = n$ 的均值

$\bar{\theta} = \theta$ 的均值

$\sigma_n^2 = n$ 的方差

$\sigma_\theta^2 = \theta$ 的方差

$\sigma_{n\theta} = n$ 和 θ 的协方差

为了产生有效的信号传递，我们假设 $\sigma_{n\theta} < 0$。在非随机情况下，$\theta = 1/n$，n 与信号传递成本是完全负相关的。

由这些假设及关于二元正态分布的一个众所周知的事实，我们可得

到均衡条件[1]

$$\bar{n} + \frac{\sigma_{\theta n}}{\sigma_{\theta}^2}(W'(y) - \bar{\theta}) = W(y) \tag{6.6}$$

或

$$W'(y) - \frac{\sigma_{\theta}^2}{\sigma_{\theta n}}W(y) = \bar{\theta} - \bar{n}\frac{\sigma_{\theta}^2}{\sigma_{\theta n}} \tag{6.7}$$

令 $A = -\frac{\sigma_{\theta}^2}{\sigma_{\theta n}}$，$B = \bar{\theta} - \bar{n}\frac{\sigma_{\theta}^2}{\sigma_{\theta n}}$，则有 $A > 0$，$B > 0$，且

$$W'(y) + AW(y) = B \tag{6.8}$$

(6.8) 式的解是

$$W(y) = \frac{B}{A} - k e^{-Ay} \tag{6.9}$$

其中，k 是一个任意常数。为了保证 $W(y)$ 是凹的，我们必须假定 $k > 0$。这就是这个模型中提供工资的均衡解集。注意，当 $\sigma_{\theta n}$ 向 0 逼近时，$A \to \infty$，$B \to \bar{n}$ 且 $W(y) \to \bar{n}$，$\bar{n}$ 是 n 的无条件均值。这正是人们所期待的结果。

倒推回去，我们发现给定 y 时，n 的均衡条件分布是正态的，均值是

$$\bar{n} + \frac{\sigma_{n\theta}}{\sigma_{\theta}^2}(W'(y) - \bar{\theta}) \tag{6.10}$$

方差是

$$\sigma_n^2 - \frac{\sigma_{\theta n}^2}{\sigma_{\theta}^2} \tag{6.11}$$

注意，在这种情况下，方差并不依赖于 y。当 $\sigma_{\theta n} \to 0$ 时，均值和方差分别逼近 $\bar{n}$ 和 σ_n^2，如同大家所预期的那样。

下面我们来确定哪些个体的支付工资超过了他们的生产力，这个问题非常有趣。考虑一个特征为 (n, θ) 的个体。他的工资完全由 θ 决定。给定工资函数 $W(y)$，他通过下面的关系式做出 y 的最优选择，

$$kA e^{-Ay} = \theta \tag{6.12}$$

---

[1] 我们这里所需的条件是，给定 θ（或 $W'(y)$），n 的条件分布是正态的，具有均值

$$\bar{n} + \frac{\sigma_{\theta n}}{\sigma_{\theta}^2}(\theta - \bar{\theta})$$

和方差

$$\theta_n^2 - \frac{\sigma_{\theta n}^2}{\sigma_{\theta}^2}$$

或

$$y(\theta) = -\frac{1}{A}\log\left(\frac{\theta}{kA}\right) \tag{6.13}$$

于是，他收到的工资是

$$W(y(\theta)) = \frac{\bar{\theta} - \theta}{A} + \bar{n} \tag{6.14}$$

因此，如果

$$\frac{\bar{\theta} - \theta}{A} + \bar{n} > n \tag{6.15}$$

那么他的工资高于他的生产力。

　　工资高于或低于生产力的区域如图 6.3 所示。

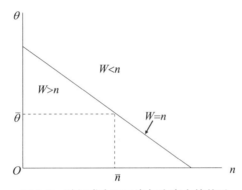

图 6.3　随机成本下工资与生产力的关系

第7章 合作行为

自始至终，雇员的行为一直都是原子论行为。此外，市场还充满了外部性，这些外部性隐含在雇员被作为他们所属（或选择属于）群体的平均一员来对待这一事实中。鉴于存在这些外部性，人们怀疑可能存在激励合作行为（cooperative behavior）的因素。本章旨在考虑使我们把市场信号传递博弈看作合作博弈（cooperative game）的一些有关因素。这个问题比较复杂，在这里还无法彻底解决。

蓄意影响市场信息结构的集体行动，会预先假设有人知道信号传递确实正在发生。尽管人们可能希望做出这个推测，但在原子论模型中，没有什么能够保证雇员或雇主知道教育是一个信号。这一点对那些只是担心教育的个人回报的雇员来说尤其正确。即使他把教育看作一个信号，但给定工资函数，他在教育上的最优投资还是相同的。

雇主很可能知道教育只是决定生产力的一个因素，并且教育的回报高于它对生产力的直接贡献。在信号传递成本中含有一个随机分量的情况下，这种认知难以避免，所以生产力与教育成本只是不完全相关（见模型4）。但雇主只有在特殊情况下才会运用他的这些知识。他必须有一个相对来说专门属于他的劳动力群体，否则，提高教育要求会引起大批潜在员工流失到其他市场；他还必须能够恰当地使用提高了的生产力，而这些提高来自对更高教育水平的投资。

如果雇员察觉到市场中有信号传递发生，那么他们会组成什么样的联盟来影响市场的信息结构，联盟又是在什么情况下形成的呢？在原子论模型中，存在帕累托劣市场均衡。

例如，在模型2中，当 $\bar{y}=1.7$ 时，$\bar{y}$ 的任意减少都有益于高生产力群体，同时既不损害雇主的利益，也不损害低生产力群体的利益。用合作博弈的语言来说就是，由所有人组成的联盟阻碍了很多信号传递均衡。当然，这是从组织阻碍联盟的成本中提炼出来的，这可能是防止阻碍偏离发生的一个有效因素。

进行进一步的分析时要注意，任何信号传递都完全以不产生社会产品的方式使用资源。因此，任意一个信号传递均衡都被由所有人组成的联盟阻碍。于是，完全合作博弈排除了所有我们已经观察到的信号传递均衡，它们被由所有人组成的联盟排除出去了。

如果我们之前观察到的每一个信号传递均衡都被合作博弈排除，那么这就引出一个有趣的问题：合作博弈的结果是什么？这是一个相当复杂的问题。不过，已有研究表明，在一系列假设条件下研究这一问题取得了一定成效。但在原子论模型中，教育具有信息功能，这一事实造成了研究的复杂性。于是，上述问题实际上是，在合作博弈中，如果有可能的话，什么东西取代了教育信号？

消除了教育信号传递，我们可以暂时回到没有信号传递的模型，在那里，每个人收到的工资都等于人均生产力 $2-q_1$。这个结果稳定吗？有兴趣破坏这个结果的可能是高生产力群体。如果这个群体能够找到一种方法来识别出其成员并证实是其成员，那么他们收到的工资等于自己的生产力 2，而不是整个人口的平均生产力 $2-q_1$。这是否值得做，取决于识别和证实的成本。

让我们这样假设：为了识别出高生产力个体，有必要对每一个人员进行一次测试，测试费用是每人 c 元。假设可靠无疑的证实无须任何花费。那么，如果测试费用由高生产力群体承担，经过测试和证实之后，他们的收益是

$$2(1-q_1)p - cp$$

其中，p 是总人数。没有测试和证实时，这个群体的收益是

$$(2-q_1)(1-q_1)p$$

因此，如果

$$c < 2q_1(1-q_1)$$

那么容易证明，对所有人进行测试，再对测试合格人员进行证实，这样做是合理的。能够容忍的最高人均测试费用是 $1/4$，这种情况在 $q_1 = 1/2$ 时发生。

当 $c=0$ 时，会发生一种特殊情况，即第 Ⅱ 组成员能够不需要支出任何费用就可以互相识别。在这种情况下，他们总会证实自己的成员。

当这种情况发生时，博弈的结果就是一个完全信息假设下的完全竞争均衡。这是一个完美的一般化公理。如果所有有效的相关分组都可以无须任何花费地识别和证实它们的成员，那么合作博弈的核（core of cooperative game）内只有唯一的一个点，这个点对应的是一个完全信息市场的竞争均衡。附录I给出了相关证明。

测试和证实是不折不扣的自我许可。但没有必要对每一个人都进行测试，虽然这样做最为简单。参加测试可能需要具备一定的教育基础，于是，教育信号传递以这种方式悄然返回信息系统。一般来说，测试会由一个代表高生产力群体的集团来管理。还有一个有趣的问题，即谁来承担筛选费用。在前面的分析中，我们假设由高生产力群体承担筛选费用。如果要求个人承担筛选费用，那么预见到无论如何都会被筛选出去的那些人可能会选择自动退出市场。这会降低筛选成本，也使自我许可更加可行。成本分摊也可能是一种混合情况。

如果由所有人组成的联盟并没有成功阻碍所有的信号传递，那么可能会形成一个代表高生产力个体的组织，来降低教育的必备条件 $\bar{y}$。（当然，他们并不想把它降得太低，因为要是降得太低的话，低生产力个体会取 $y=\bar{y}$，从而混淆信号传递系统。）这时，教育信号传递依然存在，但市场均衡会更有利于高生产力类型的群体。这种集体行动只不过把一个信号传递均衡转换为一个更优的帕累托均衡。

也有可能发生截然相反的情况。如果市场处在一个所有人都取 $y=0$ 的无信号传递均衡，那么第II组的代表们可能会为设置教育的必备条件 $\bar{y}$ 而展开活动，以将他们自己的成员从市场中区分出来。如果低生产力的人数比例 q_1 超过了边际信号传递成本之比 a_2/a_1（见模型2），那么这一策略是理性的。

如果教育的必备条件 $\bar{y}$ 太高，而第II组的代理机构又没办法降低它，那么它可能会采取上述的测试和证实程序来识别自己的成员。如果测试的单位费用是 c，那么当

$$c < \frac{\bar{y}}{2}(1-q_1)$$

时容易证明这是一个理性策略。如果大家共同承担测试费用，那么上述条件就变成了简单的

$$c < \frac{\bar{y}}{2}$$

在后一种情况下，很有可能会发生自我筛选（self-screening）。遗憾的

是，人们会犯错误，有些应该尝试自我筛选的人没有去尝试，而有些尝试了的人会失败。

人们可能会问，雇主自己为什么不去管理这个测试。一个可能的答案是，他不需要，因为眼下教育的信息功能发挥得很好；另一个可能的答案是，雇主管理测试的费用可能要远远高于代表潜在雇员的群体管理的测试费用。

关于联盟和有效组织的筛选有很多相关实例。医生和律师都是自己筛选自己，他们用以前的教育作为初步筛选，然后用更多的教育作为测试。所以教育是有效益的。在这两种情况下，测试成本被分摊，但是为了证实自己，测试费用的很大一部分由申请测试者承担。医生和律师之所以要进行自我筛选，是因为他们提供一项服务，一项类似质量管理的服务，这项服务会给他们带来丰厚的回报。此外，相比自我筛选成本，由他们的雇主，即公众，管理的质量筛选成本巨大。

多林格尔（Doeringer）和皮奥里（Piore）描述的内部劳动力市场[①]是另一个自我筛选的例子。雇主把职位晋升程序交给工会组织，以换取一定数量的质量管理，所以他同时脱离了信号传递博弈。有的机构为了其他形势的需要而存在，并继而承担信号传递功能，工会就是这种组织机构的一个有趣的例子。但信号传递功能本身可能无法对维持这个机构的成本做出令人满意的解释。

在有些情况下，职业机构可以并确实接管了信号传递功能和信息搜集功能。在这里，雇员和机构展开了原子论的信号传递博弈。这些机构能够获得一些规模经济。一个申请人只需要被评估一次，然后就可以被推荐给许多不同的雇主。因此，机构筛选的申请人数经常比雇主筛选的要少。

还有其他群体对就业市场的信息结构具有潜在的影响。比如去同一个教堂的人、属于同一个俱乐部的人、一起在军队服兵役的人、上同一所大学的人等等，他们属于准自然群体（quasi-natural groups），对信息系统具有潜在的影响。在某种程度上，他们可以互相证实。有些少数族裔群体有自己的内部组织机构，这些机构主要是为族内弱势成员服务，这样的群体也可能具有信息影响。

现有机构对信号传递博弈潜在的或实际的信息影响是一个重大课

---

① Peter Doeringer and Michael Piore，*Internal Labor Markets and Manpower Analysis*（Boston：D. C. Heath，1971）.

题，我在此并不打算对其展开全面讨论，而是指出，由于存在外部性，所以合作行为或集体行动有充足的活动空间，并为集体行动提议了一些可能采取的组织形式。自我测试、筛选、消除或建立教育标准或其他标准都是可采取的形式。就业市场信号传递模型隐含了这样一个程序，它把人们按薪资水平、社会阶层和工作进行分类。还有下面这个更重要的问题，即关于可以执行相同功能的其他可替代的社会机制的问题，在这里我只是简要地提一下。由于这一问题的答案决定了评判市场机制优劣的标准，所以它很重要。虽然可以看出有些市场均衡比其他市场均衡的效率低（以帕累托效率为准），并且在信号传递过程中有潜在的歧视效果，但是能够发挥相同工作配置功能的最佳替代制度问题还有待解决。

第 *8* 章　地位、收入和消费

很多年前，托尔斯坦·凡勃伦（Thorstein Veblen）指出，人们用高度可视性消费作为评估个人财富的信号，依此类推，也可以将其用作权力信号和社会地位信号。他的理由相当直接明了。任何一个负担得起奢侈品消费（conspicuous consumption）的人一定是富有的，其财富一定由这个人的某项品质获取，这项品质使他从社会中脱颖而出。在竞争性社会中，这种推理尤其有效。这个人可能是最有实力的猎头，也可能是最精明能干、最有活力的企业家。但是，如果在一个社会中，这个人的财富在某种意义上来说有很大可能是继承而来，那么这种推理就不够充分了；也有可能这笔财富并不是直接继承得来，而是通过一个机遇得到，只是付出了相对较少的努力（比如，出生于一个相对较小的易于获得某些职位的群体中，他们在该职位上可能积累了这笔财富）。

从凡勃伦对奢侈品消费这种社会行为相当精辟的分析中，我们提炼出如下要点：可视性消费品是信号。涉及奢侈品消费的信号传递博弈的逻辑结构与就业市场信号传递博弈的逻辑结构非常相似。因此，在这里，我们不想详细讨论社会地位信号传递，而只想表明，就业市场中那些已经构建的模型可以用来理解这一过程。关于这一过程有个特别有趣的现象，即，可能存在多个社会地位信号传递均衡，它们与就业市场信号传递中找到的均衡具有相同的社会福利影响。[①]

第一个相似点是，假设社会地位取决于收入，那么一个家庭的首要

---

① 我很感谢理查德·泽克豪泽（Richard Zeckhauser），他指出奢侈品消费显示了人们的社会地位，效果是歪曲了人们的消费模式。经过谨慎的思考，我发现这个例子具有就业市场的逻辑结构。

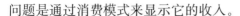

问题是通过消费模式来显示它的收入。

社会地位信号传递模型与劳动力市场模型的一个区别是，在社会地位问题中，所有人的处境都相似。市场没有被分为不同的双方，所以信号的接收者和发送者并不属于不同群体。因为这一区别对市场的信号传递结构并非至关重要，所以它显得特别有趣。由于市场局势是对称的，所以除了下面这个区别外，信号传递博弈类似于一个合作博弈：不同均衡之间不等价。我们先从两个人的情况入手分析，再类推到多个人。可以把均衡布局看作支付矩阵对角线上的一对策略，其中每一个人的收益沿着对角线往右下方移动而下降（见图 8.1）。

5 4	—	—	—
—	3 2	—	—
—	—	1 0	—
—	—	—	-1 -2

图 8.1　合作均衡的一个变化模式

不在对角线上的元素以这样的方式来填：使每个对角线元素都是一个均衡。这类问题在托马斯·谢林（Thomas Schelling）的《冲突的策略》（*The Strategy of Conflict*）一书中有广泛讨论。

简单的社会地位模型需要定义三个变量。一个变量是可视性消费，用 c 表示，另一个是不可视性消费，用 i 表示，这两方面的消费用美元来计量。第三个变量是收入 y，对个体来说它是给定的，并在人口中进行分配。为了便于阐述，假设收入随人员的不同而变化，但效用函数不随人员变化。假设效用函数取决于 c 和 i，假设 y 代表社会地位，则效用函数直接取决于 y。于是

　　$$u = u(c, i, y)$$

这个模型中效用函数不变的假设，类似于教育信号传递成本只随生产力而变化的假设（见第 3 章的模型 2）。正如我们所看到的，在那个模型中，可以观察到的信号传递模式在引入个人随机变化后继续保持。

由于缺少变化的效用函数，所以由人们对 c 和 y 的关系的主观理念定义的市场均衡将是一个退化的均衡。也就是说，在均衡状态下，奢侈品消费会作为预测收入的基础，正如在模型 2 中教育作为预测生产力的

基础一样。

我们可以简要处理定义了均衡的这些 c 和 y 间的关系。这时，个体会相信 c 和 y 间的关系由下式给出

$$y＝h(c)$$

利用这个认定的事实，个体会通过选择可以观察到的消费水平 c 来最大化他的效用；记住，其他人对他的收入的理念将取决于他选择的 c。规范地表达，这个问题是要解

$$\max_c u(c,\ y－c,\ h(c))$$

当然，他的收入 y 是固定的。

在每个人都这样做了之后，我们会发现，c 和 y 在个体间的真实关系正是上面描述的最优决策问题中显示出的关系。随着时间的推移，人们会通过观察自己的行为、通过与朋友的交流找出这个关系，最终他们会修正自己的理念，并做出相应的调整，开始另一轮博弈。

当从个体最优决策问题中浮现出的 c 和 y 间的关系正是个体在做这些决策时所信奉的那个关系时，理念修正过程将停止。换句话说，如就业市场中的雇主那样，当每个人的理念都被他随后在市场和社会中的经历所证实时就达到了均衡。

值得注意的是，如同在劳动力市场中那样，有必要假设在消费决策被做出后会有一些信息反馈。如果没有这样的反馈信息出现，那么人们就不能检验他们的理念。看起来有理由假设朋友之间不会发生信息反馈，所以理念事实上是由时间来检验的。

这就是这个模型的逻辑结构。剩余部分是继续探讨这个关系，找出市场均衡布局的性质。暂时假设一阶条件是最大化的充分条件，收入是 y 的个体将令

$$u_1(c,\ y－c,\ h)－u_2(c,\ y－c,\ h)+u_3(c,\ y－c,\ h)h'＝0$$

均衡条件是

$$y＝h(c)$$

把 y 代入到最优条件中得

$$u_1(c,\ h－c,\ h)－u_2(c,\ h－c,\ h)+u_3(c,\ h－c,\ h)h'＝0$$

这个微分方程定义了市场中的均衡函数 h。因为这是一个微分方程，它的通解中含有一个任意常数，这个任意常数对应了这个市场和劳动力市场中的多个均衡。这个问题不是只有一个均衡或多个均衡，而是有连续的无穷多个均衡。

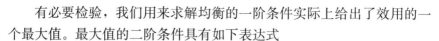

有必要检验，我们用来求解均衡的一阶条件实际上给出了效用的一个最大值。最大值的二阶条件具有如下表达式

$$D < 0$$

如果均衡条件关于 c 可导，那么解出 D，我们发现

$$D = (u_{22} - u_{12} - u_{23}h')h'$$

显然，$h' > 0$。因此，如果上式括号内的部分是负的，那么 D 就如所要求的那样是负的。u 取一个冯·诺依曼-摩根斯坦（von Neumann-Morgenstern）效用函数，如果我们假设 $u_{22} < 0$，u_{12} 和 u_{23} 非负，这些假设是可行的，那么就保证了这个要求条件。

为了更好地研究均衡布局，用一个可解的问题为例来进行分析处理，会有利于研究的进行。在本书的基本框架下，由于技术方面的原因，很难得到一个可解的例子。但如果取

$$u(c, i, y) = c + y + \log(i)$$

就能够取得一些进展。在这个效用函数下，市场中定义了均衡期望的方程为

$$h' = \frac{1}{h - c} - 1$$

h 作为 c 的隐函数由下式给出

$$2h + \log(1 - 2h + 2c) = K - 2c$$

其中，K 是由积分产生的任意常数。[①]

我们关注的问题是，个体财富如何随均衡的变动而变化，而均衡变动对应于参数 K 的变动。注意，如果可以直接观察到收入 y，那么就不需要信号传递，于是 c 的最优水平是 $y - 1$。另外，如果存在信号传递，那么必须是 $1 - 2h + 2c > 0$，于是 $c > h - 1/2$，正如我们所预期的那样，c 被扭曲上移。这一事实与 K 无关，因此这是我们正在考虑的一个特别的均衡布局。

保持 y 不变，由均衡条件 $y = h(c, K)$ 得

$$\frac{\mathrm{d}c}{\mathrm{d}K} = -h_K / h_c$$

经简单的计算可得

---

① 使该方程直接可积分的变量代换是

$$r(c) = 1 - 2h(c) - 2c$$

完成变量代换后，把代换的变量 r 代入原方程，直接积分就可解，然后再把解得的 r 代回，求出 h。

$$\frac{\mathrm{d}c}{\mathrm{d}K} = \frac{1}{4} \cdot \frac{1-2y+2c}{1-y+c} > 0$$

保持 y 不变，则有

$$\frac{\mathrm{d}u}{\mathrm{d}K} = -\frac{1}{4} \cdot \frac{1-2y+2c}{y-c} < 0$$

由上面这两个一阶导数的符号可知，如果增加 K 会改变均衡，那么所有人都增加以对高度可视品的超额消费为准的扭曲，无论他们有没有其他方面的收入，他们都会这样做。而且增加 K 损害了所有人的利益，并且随着 K 的增加均衡的改变也更加糟糕。这一切也与收入无关。损失的大小可能随收入水平变化。所以，增加 K 产生了市场帕累托劣均衡布局。在劳动力市场框架下，也得到过这个结论。因此，如果有可能的话，大概每个人都会投票赞成减少 K。另外，人们现在可以更加清楚地理解，为什么信号传递博弈与具有多个不等价均衡的合作博弈类似。每一个 K 都对应了市场中的一个稳定均衡，市场中有很多这样的均衡。减少 K，则对应的均衡中依然有信号传递发生，但每个人的状况都得到改善。这相当于前面支付矩阵中沿对角线往上移。

因为通过奢侈品消费传递信号的实际机会成本与收入负相关，这正是消费应该传递的信号，所以社会地位信号传递模型是有效的，也就是说，有信号传递发生。这类似于在劳动力市场中，为了使有效的信号传递发生，教育成本必须与生产力负相关。

第 *9* 章　贷款和家庭信用

家庭信贷市场有一个信息结构，在许多方面与就业市场的信息结构类似。银行或信贷机构用现金购买一份不确定的未来还款流，而家庭用它自身的实力和未来定期还款的意愿购买了现金。像就业市场的雇主一样，银行实际上购买了一份彩票。它不能直接观察到这个人的还款能力，但它确实有关于这个人或其家庭的大量的、有用的潜在资料，这些资料可以帮助它做出决断。银行要决定是否批准贷款申请及收取多少贷款利率，类似于就业市场中的雇佣和工资决策。

个人特征可以规范地划分为可以观察到的特征和观察不到的特征，也就是说，划分为潜在信号和潜在指标。贷款申请人可以改变潜在信号，以呈现出一个良好的信用形象。潜在信号和潜在指标的信息内容由市场均衡决定，而这相应地取决于发放贷款的机构的条件概率理念。

现在，我们暂时岔开话题，来描述现代信贷发放机构如何处理申请者的个人资料，这对我们的理解分析很有帮助，稍后再回到市场信息结构的一般特征上。

信贷机构通常使用的可以观察到的数据会在下文的列表中给出。①

用于评估信用风险的个人资料

1. 年龄；

---

① 　Thomas E. Caywood，"Point Scoring for Credit Customers，" *Banking*，October 1970.

2. 电话；

3. 收入；

4. 居住状况（谁在这个家庭居住）；

5. 银行账户；

6. 在现居住地和过去居住地的居住时间；

7. 婚姻状况；

8. 职业；

9. 百货商店的参考资料；

10. 邮编；

11. 申请贷款金额；

12. 银行网点；

13. 房屋所有权及其他资产；

14. 资产流动性。

信贷机构通过下述方式使用这些数据。给申请人的每一项特征评估一个分数，然后对这些分数进行加权平均，得到一个总分数。这个总分数被用来做贷款决定，如果这个分数足够高，那么就批准贷款申请。这听起来似乎银行不是在这些可以观察到的数据的基础上，根据贷款盈利能力的条件概率来做放贷决定的。但事实上，这个评分系统（scoring system）非常接近使用全条件概率。因为在方法论上这一问题很重要，所以让我们对它做进一步的分析和研究。

评分方案的由来

令 r 是代表贷款收益的一个随机变量，X 是各种各样可以观察到的特征的一个分数向量。统计员通过使用银行贷款历史记录，推导出向量 (r, X) 的均值与方差—协方差矩阵的估计值。推导出的均值为 $(\bar{r}, \bar{X})$，方差—协方差矩阵为

$$\begin{bmatrix} a & b^{\mathrm{T}} \\ b & C \end{bmatrix} \tag{9.1}$$

现在，这个统计计分问题需要找出一个新的随机变量 s，它是矩阵 $(X-\bar{X})$ 的一个加权和，并且尽可能地和 $(r-\bar{r})$ 高度相关

$$s = \alpha^{\mathrm{T}}(X-\bar{X}) \tag{9.2}$$

选取权重 α，使 s 和 r 的方差相等。在这个约束条件下，统计员想要使

$\mathrm{cov}((r-\bar{r}),\ s)$ 达到最大。

把上述问题更加规范地表达为

$$\text{当 } \alpha^{\mathrm{T}} C \alpha = a \text{ 时，求} \max_{\alpha} \alpha^{\mathrm{T}} b \tag{9.3}$$

很容易就算出答案是

$$\bar{\alpha} = \left(\frac{a}{b^{\mathrm{T}} C^{-1} b}\right)^{1/2} C^{-1} b \tag{9.4}$$

X 的任何一个其他的与 s 不相关的线性组合也与 r 不相关，因此完全没有信息功能。

接下来需要考虑的问题是，在评估 r 的条件概率时，只采用总和统计变量 s，这样做丢失了多少信息。下面这个命题对回答这个问题有所帮助。

命题：如果 $(r,\ X)$ 是联合正态的，s 如上面所定义的那样，那么给定 X，r 的条件分布是正态的并且等于给定 s 时 r 的条件分布。

证明：假设 $(r,\ X)$ 的均值为 $(\bar{r},\ \overline{X})$，方差—协方差矩阵为 $\begin{bmatrix} a & b^{\mathrm{T}} \\ b & C \end{bmatrix}$。众所周知，给定 X 时 r 的条件分布是正态的，并且均值[1]为

$$\bar{r} + b^{\mathrm{T}} C^{-1}(X - \overline{X}) \tag{9.5}$$

方差为

$$a - b^{\mathrm{T}} C^{-1} b \tag{9.6}$$

因为 r 和 s 的联合分布是正态的，并且均值为 $(\bar{r},\ \sum \alpha_i \overline{X}_i)$，方差—协方差矩阵为 $\begin{bmatrix} a & \alpha^{\mathrm{T}} b \\ \alpha^{\mathrm{T}} b & \alpha^{\mathrm{T}} C \alpha \end{bmatrix}$。因此，给定 s 时 r 的条件分布是正态的，均值为

$$\bar{r} + \frac{\alpha^{\mathrm{T}} b}{\alpha^{\mathrm{T}} C \alpha}(s - \bar{s}) \tag{9.7}$$

方差为

$$a - \frac{(\alpha^{\mathrm{T}} b)^2}{\alpha^{\mathrm{T}} C \alpha} \tag{9.8}$$

把 α 代入（9.7）式和（9.8）式，分别得（9.5）式和（9.6）式。证明完毕。

因此，在正态分布条件下，用这个评分系统生成 r 的一个条件分布

---

[1] M. Pratt，H. Raiffa，R. Schlaiffer，*Introduction to Statistical Decision Theory*（New York：McGraw-Hill, 1965）给出了推导。

没有损失任何信息。因为对信贷评估者来说，这个评分在概念上易于使用，这是它的一个明显的优势。

信贷机构

刚刚描述的评分方案并不只是理论上的设想；事实上，它的很多版本早就被现代信贷机构采纳。批准贷款的决策者实际上并不考虑给定 s 时 r 上的概率分布，而是依据一个给定的标准水平 s^*，它可以随经济状况而变动。[①] 随着新市场数据的出现，统计员持续更新均值、方差和协方差的估计值。这样做的主要原因是现代信贷机构有效地使用这些从过去市场数据中提炼出的条件概率评估，来决定是否批准贷款及在什么条件下批准贷款。信贷机构使用的方法通常是上面描述的评分方案的一些变形。因此，至少有一些信号接收者以市场信号传递模型中假设的方式来解读这些信息。

市场的信息结构

不难看出，信贷机构使用的个人资料列表上的信息，即便不是全部，也有一大部分是可以改变的，因此是潜在信号。这可能意味着，这个市场的信息结构与教育信号传递情况下的信息结构类似。在一定程度上，事实也的确如此。如果对操控资产的流动性有令人信服的解释，那么一个人肯定会操控自己的个人信息组合来增加资产的流动性。另外，制造流动资产的成本可能与个人财富或收入高度相关，并因此与偿还能力高度相关。不足为奇，人们将会预期这种由富裕的个体或公司发出的有效信号传递，可以使他们比我们其余人以更好的利率借到钱。

更一般地说，一个人可以通过购买一部电话，在百货公司建立以前的信用，类似地，也可以通过可信地、准时地偿还债务来获得良好的信

---

① 我个人认为，显而易见，如果要做的决策仅仅是批准贷款还是不批准贷款，那么最优的决策形式将是：给定 s^* 的某个水平值：

如果 $s \geqslant s^*$，批准贷款；

如果 $s < s^*$，不批准贷款。

用等级。而一个人如此表现的代价，无论是精神上还是实际上，都很可能与他违约的可能性呈负相关关系。

一个精明的个体，甚至可能通过现在借款来增强他未来的借款能力；他可以借入款项并把借来的钱存入一个储蓄账户，然后按期偿还全部借款。如果贷款的年利率是12%，存款的年利率是5%，那么1 000美元贷款一年的成本将是70美元——如果这使他将来能够轻易地以优惠条件来借款，那么这是一个不错的投资。

于是，市场中有一些活跃信号传递行为的因素存在。然而，经过考虑，很明显，许多诸如房屋所有权和婚姻状况这样潜在的、可以改变的特征，事实上并不是信贷市场中的主动信号传递问题。于是，这样的特征在市场中像指标一样发挥功能。因为在就业市场中，我们早已观察到指标以不同的方式发挥作用，所以这里没有必要对它们进行详尽的评论。人们可能会寻找这样的市场状态，在这些状态下指标可以传递统计信息，或把不同的群体安置到不同的信号传递均衡中。

因为改变潜在信号的成本远远超过了相应的收益，所以许多潜在信号转变成了有效指标。因此，即便银行和其他信贷机构会对这些潜在信号有所反应，它们也不值得投资。比如，很难想象，某个人纯粹为了向银行展示他是一个具有稳定家庭类型的人而结婚。

一个人以前的借贷记录可能是一个重要信号。这意味着，那些在最初申请贷款时就遭遇困难的人，会永远无法获得所需的良好借贷记录。或者，如果这个年轻人的财产很少，他可能不得不去求助那些放高利贷的人，支付很高的借款利息，因此冒着更大的违约风险。如果他违约了，那么这将记入他的借款记录，他将来借款就会有麻烦。可能有一种与人们的初始财富或他们家庭的初始财富变化有关的恶性循环。缺乏资产或抵押品导致无法借贷，无法借贷就无法获得资产，这反过来导致除了以最差条款借贷外，继续无力借贷。

注意，虽然资产本身可能是信号，但没有必要讨论这一问题。资产是担保物（guarantees），也就是说，万一发生违约，抵押的资产可以降低信贷机构的损失。富有的年轻人由于有担保物，所以在一开始时就能获得较高的信用等级，因此容易建立良好的信用等级。资产同时又是指标——它与违约负相关——因为拥有资产的人不需要违约，又因为将来要为现在的违约付出很高的代价，所以他们通常不会违约。于是，资产既是担保物又是指标。

我们发现信贷市场的一个信息结构与就业市场的类似。乍一看，信贷市场中有效信号传递机会似乎较少。[①] 由于改变潜在信号的成本超过了相应的收益，所以潜在信号趋于表现出指标的特征。如果信贷市场的信息结构中隐含有歧视现象，那么这些歧视现象一般是统计方面的问题，或者与可变信号传递成本有关。

作为对本章讨论的总结，我们可以说：评估和建立信用是一种信号传递博弈。给定人们可以观察到的特征，信贷机构依靠那些能够提供信息的特征并开发出评分方案，以替代人们可靠性的条件分布。信号与指标之间依然存在一般性区别。但是，很多诸如房屋所有权和收入这样的潜在信号，由于操控它们的成本比起把它们当作指标对待的收益来说高很多，所以市场中存在真实信号。拥有一部电话就是一个真实信号。银行网点、家庭地址、资产流动性及各种银行账户是其他的真实信号。[②]

[①] 各种信号和指标的相对重要性，由它们在评分函数中的权重及市场上有效信号传递的程度来衡量，这是一个值得深入研究的实证课题。

[②] 有三篇文献讨论了银行和其他信贷机构使用评分来评估信用风险：Thomas E. Caywood, "Point Scoring for Credit Customers," *Banking*，October 1970；Nicolas Johnson, "How Point Scoring Can Do More Than Help Make Loan Decisions," *Banking*，August 1971；William Bogess, "Screen Test Your Credit Risks," *Harvard Business Review*，November 1967. T. W. Anderson, *An Introduction to Multivariate Statistical Analysis*（New York：John Wiley，1958）讨论了找出权重来生成分数的统计。Pratt, Raiffa and Schlaiffer, *Introduction to Statistical Decision Theory* 一书中证明了联合正态变量的条件分布的论断。

第*10*章　选择性招生、筛选和晋升

在我们的日常生活中，有一系列准市场的选择性筛选（selective screening）现象，从大学招生到大型机构的职位晋升，这些现象具有就业市场的信息结构，因此可以从相同的概念视角来有效地分析它们。不过，本章的目的并不是要解决这些问题，而是要提出一些分析方法，透过这些方法，这些现象可以被有效地看作由反馈回路定义的具有均衡的信号传递博弈。

大型机构的职位晋升

现代管理组织理论的一个核心问题，就是通常所说的激励问题。由于管理者个人的目标与机构的目标未必一致，所以需要设计奖励机制，使管理者在追求自己的目标时所做的决策对机构来说也是有效决策。这是一个规范的管理问题。

这一问题表现在以下几个不同方面，分别对应于有效组织绩效的不同方面。一个方面是机构部门或分支机构间的协作问题。由机构的定义可知，机构几乎是分散的决策实体。于是，激励问题就变成奖励绩效来实现协调决策想要达到的效果。当然，协调需要交流和沟通。于是，诱导准确、有用的信息流就是管理者首要关心的问题。

在最近一篇关于企业内部资源分配问题的文章中，约瑟夫·鲍尔（Joseph Bower）详细地介绍了这个方面的问题。他在机构投资计划的背景下讲述这一问题。

有充足的文献资料表明，奖励绩效的方式影响了提供用于测定绩效的预测的过程。换句话说，当用计划数据来测定管理者时，这些数据反过来影响了计划本身的特征。通过从组织结构的概念中提供这些现象来从理论上考虑这一事实是一个问题；为了制订计划，使用绩效评估奖励成功的管理者，使上下级间的信息交流不失真是另一个问题。[①]

鲍尔认为，要想使资源配置失真降到最小，就不应只是对绩效进行评估，奖励绩效的计划本身也必须接受评估。

大家可以去浏览更多有关机构激励问题和信息问题的文献。但对这一问题，我倾向于到此为止，转而针对在评估和奖励管理绩效时关键的制衡点发生在哪里的问题阐述我的个人观点。

我认为，一个典型的管理者会专注于职位晋升，并把晋升作为他的主要奋斗目标。晋升意味着权力和威望的提高，通常还伴随着收入的提高。给定评估管理人员晋升的方法，那些被作为能够胜任高水平工作能力信号的活动，会成为管理人员的投资目标。换位思考一下，你可以从机构的角度来考虑同样的情况。但是，这样做有两方面的问题。一个问题是，在任何规定的时间范围内，在非人力资源的配置上，尽可能获取最大的效率；另一个问题是人力资源的配置问题：晋升优秀的员工。[②]

我们实际上有一个内部信号传递博弈，或者更准确地说，有数百个这样的博弈。底层员工投资那些为他们赢得晋升高分的活动。高层管理者解读信号、评估员工、晋升部分员工。有效信号指具有就业市场描述的那些性质、显著影响管理能力概率评估的信号。

因为相比于资质欠缺的管理者，那些优秀的管理者更容易实现高的短期收益，所以能否使短期收益达到最大，可能是衡量管理者的管理能力的一个非常好的信号。如果把短期收益作为一个评估信号（可能是一

---

① Joseph Bower，*Managing the Resource Allocation Process*（Boston：Graduate School of Business Administration，Harvard University，1970）.

② 那些熟悉由赫尔（Hull）和彼得（Peter）撰写的《彼得原理》（*The Peter Principle*）这本了不起的小册子的读者，会认识到他们的工作和本章之间的一个联系。把一个人晋升到无法胜任职位的模型，它的基本前提条件是，那些负责职位晋升的人忽视了人力资源配置程序及相应的信号传递博弈。确实，人们得以晋升的基础是他们在底层职务上的工作能力表现。但负责晋升的人却不看更高层职位工作所需要的能力信号。这样的表达方式似乎是一个极端的假设。然而，他们的实证研究结果表明，在人力资源和非人力资源的配置程序效率中有一些制衡点。

个良好的信号），那么人们会对它进行投资，而这反过来可能会严重扭曲机构内部的投资决策。管理天才们具有的有效信号，如果被管理高层用作评估标准，可能会扭曲机构内部非人力资源的配置。反过来，如果为了避免这种扭曲而忽略那些可能有用的信号，那么管理高层的筛选就没那么有效了，并且人力资源配置也会受到影响。

这里有一个直接的制衡点。资深主管继续在二级领域工作。为了充分处理这一问题，他必须了解正在进行的信号传递博弈的策略要素。他的策略决策涉及对哪些信号做出反应。与就业市场中的雇主不同，他可以选择对某些类型的潜在信号不做出反应，因为这样做会扭曲资源的配置过程。就业市场中的雇主不在乎人们是否过度投资教育。但是如果管理者过度投资本部门的短期收益，或过度关注书面简介，那么资深主管确实会在意。他能够、也应该运用自我意识来控制信号传递博弈的游戏方式。

对有效信号的需求程度与对没有扭曲的评估标准的需求程度相冲突，这是一个实践经验的问题。但是由于使一项活动成为一个有效信号的特征有点奇特，所以按照实践经验来推理，没有合理的理由预期它们之间不会发生冲突。如果只有那些可以提高机构的最终收益的活动才会得到晋升奖励，那么低层管理者将会投资这样的活动。这将解决资源的配置问题（鲍尔的工作清楚地表明，事情并没有这么简单），但它也可能会导致晋升了不合适的人。或者更有可能，它可能完全无法有效地区分员工，因此晋升过程中包含了大量的随机元素。

一个管理者负责的信号传递博弈可能有多个均衡，知道这一点会对他有所帮助。由于部门主管过度投资短期收益的程度会随均衡而变化，所以资深主管有可能单方面采取行动变更均衡，以降低部门主管的过度投资，同时保留把部门收益作为晋升的评估信号。当然，如果这样做被证明是有用的，他就会这样做。

选择性招生程序

招生市场信号传递博弈的逻辑结构与就业市场信号传递博弈的逻辑结构没有本质区别。在各种各样信号和指标的基础上，从面试到考试分数，到以前的教育状况，相对较多的申请者被大学和研究生院选拔录取。但在现阶段不需要审查信号传递博弈的构成元素。我仅局限于选择性招生问题的一些注意要点，从就业市场模型的概念视角看待招生程序，就可以得到这些要点。

1. 信号与指标之间的差别很重要。在很多招生问题中，一方面，教育是一个信号，学生可以投资教育；另一方面，考试分数可能更适合作为指标，尽管学生可能投入了一定量的"准备"工作。

2. 在教育问题上出现了过度投资。在几个不同的教育阶段，人们经常听到那些关心本科教育的人抱怨研究生招生误导了学生本科阶段对学习时间和学习精力的投入。学生避免选修那些他们不熟悉的课程，或者他们学习太刻苦，或者他们学习方向有误等。如此看来，信号传递博弈的运行与文科教育的目标相冲突。

不需要讨论这类教育的利弊得失，研究生院和职业学校迫切的招生需求，毫无疑问地会使学生努力投资对个人有益的那些信号。把这一点从信号传递博弈中提取出来，我们一点也不清楚它是否值得学生付出这些努力，也就是说，我们一点也不清楚以信号传递为目的获得的教育是否对个人或社会生产力或福利都有很大的贡献。

这些均衡随着时间的推移而改变。目前，医学院是一个越来越热门的选择。因此，医学院预科课程和成绩的均衡投资水平在最近几年一直上升。

信号传递博弈可能产生不良副作用的另一个领域是高中阶段的学习。从比较小的年纪开始，学生便开始学习有助于他们将来考大学的课程。学生付出的努力及长期伴随他们的焦虑，可能造成了早期相对生产活动中人力资源和能源的大转移。

3. 有人建议，最好把考试看作指标。如果我们关注教育或成绩上的过度投资，那么很自然地，我们就要更加依赖那些不能被投资或不能被过度投资的（或者至少不是同一程度的）指标来思考这一问题。考试就具有这样的性质，它们也可能是额外信息的强大来源。有些考试比其他的考试更真实。读者可能希望考虑抑制信号，并用指标来替代信号，像用考试指标来替代教育信号一样。但是这样做会有一些风险。

第一个问题是，教育是信息的一个来源，是一个真实信号。因此，在信息质量（及由此产生的资源配置的质量和公平）和减少信号中的非生产性投资间有一个平衡。

第二个问题是，有些人（1）考试考得很糟糕（至少是目前我们知道的那些考试），并且（2）从经验中知道了这一点。这些人可能会辩解，他们认为一个单纯依赖考试的选择系统是歧视性的，在一个多维信号传递系统中，他们可能会有更好的机会。注意，有这样一种理解：所有不完善的筛选手段都会歧视那些被排斥在这个领域之外而又一直不在完全信息领域里的人。于是，支持多维信号系统实质上是支持减少不完全信息系统出错误的概率。因此，这个问题实际上退化为第一个问题：抛弃一个信号就是抛弃信息。所以，这样做可能仍然是有益的。

第三个问题是，有人声称考试是一种文化偏见（cultural bias）。文化偏见实际上出现在使用考试的方式里，而不在考试本身。

考试分数是一个随机变量。在基本学习的每一个阶段，考试分数都有一个条件分布。反过来，对每一个考试分数，也赋予它一个学习能力的条件分布。考试作为信号的影响力，取决于当考试分数变化时，考试分数上的条件分布变动了多少。为什么在两组学生中，基于成绩的才智分布会系统性地不同？由于对这一问题可能有非常好的解释，所以文化偏见问题就出现了。

现在，我们需要一些符号来辅助分析。令 n 是某种能力的度量，s 是考试分数，$p(n|s)$ 是 $n|s$ 的条件分布。那么上述断言就是，可能存在两组学生 A 和 B，使

$$p_A(n|s) \neq p_B(n|s)$$

如果 q_A 和 q_B 分别是 A 组和 B 组学生占总人数的比例，那么 $n|s$ 的整体条件分布就是

$$p(n|s) = q_A p_A(n|s) + q_B p_B(n|s)$$

如果所有人都用 $p(n|s)$ 来进行评估，当存在一些基本因素，使

$$p_A(n|s) \neq p_B(n|s)$$

这时考试就可能以文化偏见的方式被使用。注意，有很多不同方式可以使 $p_A(n|s)$ 偏离 $p_B(n|s)$。例如，它们可能只是在均值上不同；或者，它们的均值可能相同，但 $p_A(n|s)$ 的分布比 $p_B(n|s)$ 的分布更"密集"。在第二种情况下，s 对 A 组来说是一个比对 B 组来说更有影响力的信号。

解决有"文化偏见"的考试问题，未必要取消这些考试，虽然这确实是解决该问题的一个办法。要真正解决这一问题，实际上是要找出偏见的根源并正确地解读考试分数。当一个机构为了公平起见，未能关注一个它本来应该关注的指标时，文化偏见就出现了。

可选性信号传递系统

能够自由决定对信号和指标的使用，这一点具有明显的吸引力。它允许人们选择他们觉得自己处在相对优势的那些标准，而消除他们觉得自己处在相对劣势的那些标准。它还可能像可以自己选择及格—不及格成绩标准那样，让人们自由从事那些否则他们不愿冒险进行的活动。换句话说，它可能部分地解决了过度投资问题。当然，所有这些都需要付出信息成本。

有几个因素决定了相关信息流减少的程度。第一个因素是，在多大程度上人们能够事先预测他们的成绩。第二个问题是，什么时候人们必须做出选择。比如，如果学生在课程开始前选择了及格—不及格成绩标准，那么损失的信息就比学生在观察到一个字母成绩后再做这个选择要少。人们偶尔也会听到这样的说法：让人们自己选择成绩的评定方式，将消除成绩作为信息的来源。但真实情况并非如此。事实上，问题可能是，及格—不及格成绩标准与类似的可选性程序，并不是在狭隘的课程范围内扭曲的过度投资问题的一个足够强大的遏制因素。对像研究生院和职业学校的学位这样竞争激烈的准市场来说，情况尤其如此。

可选性信号（optional signals）还有其他可能的影响。一般来说，个体对发射信号的自主控制，可能会通过让他避免参与高成本活动来降低他的信号传递成本。信号边际成本普遍降低的均衡效果，很可能是投资水平的上升，因此，总成本下降得很少，或几乎没有下降。

设计社会认可的筛选程序，是一个太过庞大的问题，在这里无法对它做充分处理。但是需要强调的是，信号传递模型相当强烈地表明，这个问题不仅仅是要找到获取最好信息的方法。

分组问题的构成

人们时不时地争论，鉴于分组问题的构成事关重大，所以招生是一个复杂的问题。就企业来说，类似的问题是个人的边际产出取决于企业所有投入品的投入水平：资本、劳动力等。读者也许关心这种相互依存的关系会在某种程度上改变信号传递博弈，但事实并非如此。招生委员确实关心能力、天赋、人品和文化背景在他们所录取的学生中的分布状况，这会影响申请者对学校而言的价值，进而影响到各种类型信号传递活动的回报。但基本上来说，信号包含了个人特征的大量信息，同时，信号传递博弈保留了它的逻辑结构。

不过，如果有几所学校或几个地理区域可供选择，那么人们确实会在学校、区域、信号传递策略方面进行挑选。为了充分分析这一点，我们需要一个多市场模型。在一个附录里，尝试证明单一市场模型的分析方法同样适用于多市场模型。在任何一个给定的市场里，申请者群体和被录取者群体的组成由模型的内在因素决定。认为个人和群体会自我选择离开市场的想法可能很重要，这个问题我们将在有关歧视的章节中进一步讨论。

竞争固定数量的名额

选择性招生（selective admissions）过程有一个特点，这个特点一旦被发现，确实会对信号传递博弈产生影响。这一特点是，招生名额可能是一个固定的数，人们正在竞争这些名额。这一特点对信号传递博弈的影响在于，它消除了信号传递博弈的多个均衡。由于这种影响有点挑战人们的智商，所以用一个例子来说明这一影响，尽管我觉得这个例子本身并没有什么无可替代的重要性。我来解释一下其原因。我们正在讨论的问题不是对于一个给定的机构（比如，哈佛大学法学院）是否有一个固定数量名额的问题，而是是否有一个固定数量的名额，有一个特别的信号传递活动正好可以用于分析如何竞争这个名额的问题。因此，本科成绩对哈佛大学法学院来说是一个信号，对其他的法学院、研究生院、社会上的大部分其他雇主来说也是一个信号。

例 子

假设被某个机构录用的收益是 V，被拒绝的收益是 U。有一个观察不到的特征 n，代表个人能力；有一个可以观察到的、可改变的特征 y，改变它的成本是 y/n，取决于 n。n 在潜在申请者中的分布是 $r(n)$。招生机构相信 n 是 y 的非递减函数，并且设定了一个录用分界线 $\bar{y}$。如果

$y \geqslant \bar{y}$，那么就录用，否则就拒绝。

能力为 n 的个体将取 $y = \bar{y}$，如果

$$V - \frac{\bar{y}}{n} \geqslant U$$

那么他会被录用，否则他就取 $y = 0$ 并退出市场。因此，留在市场中的是那些具有能力 n 且

$$n \geqslant \frac{\bar{y}}{V - U}$$

的个体。但可能没有足够多的名额分配给这些人。不过在均衡状态下，会有足够多的名额。均衡条件是

$$\int_{\frac{\bar{y}}{V-U}}^{\infty} r(n) \mathrm{d}n = 可用名额数量$$

这个条件仅仅说明，在均衡状态下，必须准确地告诉申请人录取分数线是多少，这是确定录取分数线 $\bar{y}$ 的一个额外条件。在均衡状态下，录用机构会发现，对于 $n \geqslant \frac{\bar{y}}{V-U}$，$n$ 在录用群体上的条件分布是

$$\frac{r(n)}{\int_{\frac{\bar{y}}{V-U}}^{\infty} r(n) \mathrm{d}n}$$

但因为机构只关心用它能找到的最合适的人选来填补 $\bar{X}$ 个职位，所以这个条件分布没有发挥关键作用。

因此，这个模型中的信号传递均衡是唯一的，这与就业市场模型和社会地位模型形成了鲜明的对比。但是，一旦我们去掉名额数量上的绝对约束条件，引入更多还有可用名额的机构，即便这些机构的声望较低，或者当 y 是一个有效信号时，会有其他的职位，那么均衡的唯一确定性就消失了。在这种情况下，会有多个录用分界线 $\bar{y}$ 对应于多个机构。对于某个机构，当给其他每一个机构一个录用分界线 $\bar{y}$ 时，则这个机构的录用分界线 $\bar{y}$ 也唯一确定。但综合起来，它们的录用分界线不确定。

为了说明这一问题，假设模型中的参数 U 取决于 n。事实上，假设 U 的背后隐含一个信号传递博弈，y 在这个博弈中也是一个信号。如果这个博弈像就业市场那样是开放式的，那么 U 将取决于 n 和一个不确定的参数 K，用 $U(n, K)$ 表示。这个例子中的均衡 $\bar{y}$ 取决于 U，因此也取决于 K。给定一个 K，就得到一个特定的均衡 $\bar{y}$。于是，多个均衡问题以一族可以采纳的参数对（$\bar{y}$, K）的形式回归模型。只有在把一

个机构分离出来后，绝对数量约束条件才能唯一确定一个均衡。

如果重新诠释第 3 章的教育信号传递模型，使之包含招生问题，并且机构录用名额的数量对应于那个模型中第 II 组的人口数量，那么这个新模型中的所有均衡也都是招生信号传递博弈的均衡。所以，竞争有限的名额不一定消除了均衡的多重性。

处理有限职位与多个信号传递均衡之间关系的一般原则是，无论何时何地，当存在多个信号传递均衡时，如果在所有均衡状态下员工与岗位的匹配情况都相同，那么这两者是相容的。至少有两种不同的情形会引起这一现象。一种情形是，如同前面用就业市场模型举例说明的那样，员工与岗位的匹配情况对信号传递均衡的变动不敏感。另一种情形是，一个筛选程序中的变化会引起另一个筛选程序的变化。即使每一个职业领域中只有有限个可供选择的职位，这种情况也会发生。就整体而言，这个系统的均衡将是任意的。

在下述情形中，均衡可以唯一确定：（1）把资源配置程序孤立出来，使环境变化不会引起申请模式的变化；（2）申请人数对招生标准的变化很敏感。一个可能的例子是一个大型机构内部的职位晋升竞争，这个机构本身是一个相对孤立的单位。

第*11*章　保修卡

　　购物提供保修卡是商品销售中的一个普遍现象。有时，它们在市场中具有信号传递功能。保修卡在大型或昂贵的耐用消费品市场中最为常见，在这些市场中有一个定义完好的事件，被称为故障（breakdown）。一个故障完全消除了商品对消费者提供的服务。故障可以被想象为对消费者不利的商品属性的一个自然的随机变化。保修卡的一个目的是，商品如果发生故障，消费者可以得到其他的支付。这种支付增加了拥有该商品的期望效用，并且很可能因此提高了卖方可以收取的价格。如果把商品看作彩票，把保修卡看作一种支付的变动，那么带有保修卡的商品与不带保修卡的商品是完全不同的商品。

　　到目前为止，我们还没有谈到信号传递。那么为什么保修卡可能是产品可靠性的一个有效信号？为了回答这个问题，让我们暂时回到就业市场教育信号传递模型。关于纯粹的教育信号传递模型的一个粗略但准确的描述是：人们去购买一些没用但却可以让人观察到的东西，以此来显示他们的能力。这种行为之所以有效，是因为人们购买东西的成本与他们的生产潜力负相关。当教育有益时，这种描述依然成立。如果一种商品对你来说不算昂贵，那么有能力时就会买得多一点。再一次强调，如果消费成本与个人生产力负相关，那么购买金额就是显示个人能力的一个有效信号。

　　可以从这样一个角度来理解保修卡。对销售者（信号发射者）来说，保修卡的期望成本与随机挑选的任何一个特定机器发生故障的概率负相关。因此，如果能够找到一个保修范围，根据这个范围制定的保修卡包含的内容更全面或保修期更长，那么根据这个范围确定的保修卡应当起着信号的作用。事实也的确如此。当通用汽车公司的保修卡从1968 年保证的 5 年/5 万英里降到 1969 年的 2 年/2.4 万英里时，到处充斥着"计划报废"和"机动垃圾"的呼声。这个消息再清楚不过了。于是，除了在支付上的主要效果外，保修卡可能还有一个次要的信号传递效果。

保修卡的信号传递效果是基于消费者对故障发生概率的判断。保修卡保修的内容越全面，消费者对该商品发生故障的概率判断就越低，而购买该商品带来的期望效用就越高。

消费者到冰箱市场的次数要比雇主到就业市场的次数少。因此，在就业市场中形成一个闭环的信息反馈，在保修卡市场中却是不完全的。但消费者可以在商品中进行归纳总结，尤其是在那些由同一家企业生产的产品间进行总结。当消费者从他在其他市场的经验中，由保修卡推断出故障发生的概率时，我们至少在一定程度上得到了在就业市场中得到的信号传递的外部性。当市场呈现出这些特征并且企业被均等对待时，保修卡信息中有可能存在多个信号传递均衡。

但一定不要滥用这个类比。一方面是因为质量控制（因此，还有故障发生的概率）是生产商的一个决策变量。在产品的耐用性方面可以出现、也确实出现了竞争。另一方面是因为消费者可以通过从保修卡到保修卡对承保人的预期成本的推理，理智地看待保修卡的信息。换句话说，即使市场经验是有限的，消费者也可以推理出保修卡的成本随产品的可靠性能而变化，从而可以得出恰当的、想要的结论。这会在保修卡的信息解读方面产生一定的随机性。而在就业市场中，雇主的理念牢固地受市场经验的局限。

保修卡信号传递的另一个特点是，需要准确界定保修卡的保修期限。产品故障是一个相对明确的事件，但在故障之外，人们可能还希望产品的性能表现水平也有保障。一般情况下，从操作上定义这样的标准从而使人们可以判断什么时候达到了（或没有达到）这些保修标准会是一个难题。因为这会使保修卡的保修期限持续延长。在特殊情况下，还会有其他难题。轮胎的胎面使轮胎按胎面厚度的比例来进行保修。一般地，制定保修标准需要一个如故障这样确切定义的事件。如果一个艺术画廊能保证顾客对其所销售产品的满意度，那么人们可以毫无成本地在自己的家里开办艺术博物馆。所以，需要一个可操作的检测来确定什么时候可以使用保修卡，这局限了它的使用范围。

保修卡是一种保险，保险费包含在了商品的价格里，相当于销售员卖出了商品和一份保险单。于是，前面几个段落讨论的主要内容就是，你将从谁那里买保险是很重要的事情。保险员可能有内部情报，也可能没有。当他是卖方时，他很有可能有内部情报。因此，人们对保险事件发生可能性的判断，受所提供的保险单的影响。这种情况类似于在飞机起飞前从航空公司处购买人身保险，或在手术前从外科医生那里购买人身保险。

最后，保修卡作为信号，明显区别于传统的信号传递代码。[①] 有一个例子对理解这一问题可能有所帮助。比如，一个职业介绍所除了对求职者进行能力判断外，还可能（事实上很多都是这样做的）把他们推荐到不同的工作岗位上去。此时，职业介绍所为了提高业务，可能尝试对求职者进行担保。这可能是一种策略。但即使没有担保，它们的推荐报告也可能是可信的，因为它们过去的推荐报告相对来说比较准确和翔实。后一种情况是基于常规的信号传递代码。虽然撒谎不用马上付出代价，但由于买卖双方都经常进入市场，并且都在市场中待了很长一段时间，所以雇主可以了解这些信号传递代码，而卖方则会精心经营其在信号传递上的声誉。

另一个常规信号传递代码的例子是滑雪场报道。滑雪场打电话通报雪况，这在整个雪季作为公共服务进行广播。虽然雪况的报道有点模糊不清，但与实际状况确实有所关联，因此也是富含信息的。滑雪者经常活跃在这个市场中，足以了解这个信号传递代码，而滑雪场鉴于沟通带来的长期利益，也致力于投资它在信号传递上的声誉。与我们已经讨论过的大部分信号传递现象不同，在上述两个例子中，信号的影响力不是来自因发射信号而带给信号发射者的即时的、直接的成本。

---

①　大卫·刘易斯（David K. Lewis，1969）定义并广泛地讨论了传统的信号传递。

第*12*章　二手车与有效信号传递的缺失

　　有时，人们会在某个市场中发现明显的信息不对称以及相当多的买方不确定性，但没有有效的信号传递发生。因为信息流的缺失对市场表现的影响与有效信号传递对市场表现的影响一样大，所以调查具有下述性质的市场状况对理解这一现象非常有益，即它能使在就业市场中观察到的那种信号传递不可能发生，或无法存在。

　　二手车（used car）个体市场，对考察上述问题是一个有益的例子。这里所说的个体市场（private market）指没有经销商的市场。这里讨论的买方不确定性对市场的影响已经被乔治·阿克洛夫（George Akerlof）分析和研究过了。[①] 阿克洛夫的模型是从这样一个合理的假设开始的，即二手车的卖方比买方更了解车辆的性能，至少在任何交易发生前是这样的。为了便于陈述，假设需求量是价格 p 和市场中汽车平均质量 μ 的函数，并用 $D(\mu, p)$ 表示需求函数。假设消费者在进入二手车市场时对车辆的平均质量 μ 有一个合理的、清楚的了解，但对一辆具体的车，他们却不能确定其质量水平。这个二元需求函数一阶偏导的符号分别是

　　　　$D_1 > 0, D_2 < 0$

假设供给量和平均质量都是价格的单调递增函数。随着价格的下降，非柠檬车车主们退出市场，留下那些柠檬车车主在市场上。

　　市场均衡由下式给出

---

　　① G. A. Akerlof, "The Market for 'Lemons': Qualitative Uncertainty and the Market Mechanism," *Quarterly Journal of Economics*, Vol. 84 (3): 488 - 500, August 1970.

$$D(\mu(p), p) = S(p)$$

一种可能的市场均衡状况如图 12.1 所示。因为 $\mu(p)$ 是需求函数的一个中间变量，所以需求量作为 p 的函数先上升再下降。

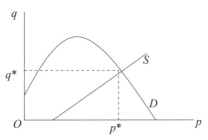

图 12.1　具有买方不确定性的市场均衡

现在不难看出，如图 12.2a 所示，可能存在多个均衡；或者如图 12.2b 所示，市场彻底崩溃。

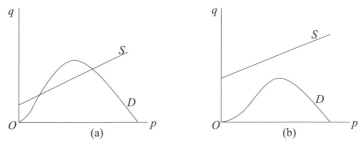

图 12.2　其他市场均衡

这时，非柠檬车的车主们有明显的沟通意向，正如就业市场中那些高生产力类型的人们。事实上，他们所处的境况相当相似。除了交易商，二手车卖主相对来说并不经常出现在市场中。但在买主看来他们是均等的，正如就业市场中的求职者在雇主看来那样。而二手车市场的问题在于，没有什么东西可以用来发射信号。让我们来回忆一下这句话的意思。这表明，二手车买主无法以一个合理的价格买到任何可以看得到并且价格与所要购买车辆的质量有关的东西。口头承诺不需要成本，当然也毫无用处。任何人都可以谎称他为什么要卖他的车。当然，人们可以让买主检测车的性能，柠檬车的车主也可以做出这样的应允。但这不过是唬人的把戏。假如被买主电话告知车辆检测有问题，卖主也没有损失任何东西。另外，这样的检测费用很高。车主的修车技工提供的可靠性检修报告也不可信。那些聪明的非柠檬车车主会选择自己出检测费，让买方选择检测机构。于是，车主的问题就是尽可能地降低检测费用。

在这里，保修卡也不起作用，卖主可能会搬迁到克利夫兰，而不留转寄地址。

简而言之，没有什么方法是非柠檬车车主可以做而柠檬车车主不能模仿的。总的来说，信号传递失败，我们看到了阿克洛夫效果。值得注意的是，对有些模型，二手车交易商的报价要比分类广告中引用的个体市场价格高 50％。[①] 当然，交易商可以做到：（1）提供保修卡，这可能含有很高的信号价值；（2）建立和维护其声誉。[②]

二手车市场的信息激励结构与就业市场的很相似，但看起来存在有效信号短缺现象。一个有效信号（effective signal）指满足下面条件的一项活动：（1）活动花费得越多，则车的质量越低；（2）向消费者传递质量信号获得的收益超过了活动成本。这为信息媒介提出了一个它可以发挥的作用：成为一个检测汽车性能并销售质量评价鉴定报告的机构。为了将业务经营下去，这样的一个机构会建立准确的质量评价的良好声誉。质量评价不必只是一个简单的评分，而是关于二手车各个不同性能的一组评分。柠檬车车主不会得到评价，但这并不会破坏市场新的信息来源。在市场均衡状态下，只会剩余一部分质量相对低、没有评价的车辆。

人们能够想象，二手车的卖主会选择对他的车进行检测和评价的方式。检测方式可能只是给出优秀、良好、一般或差的评价。车主支付的钱越多，得到的检测信息就越多。他还可以在评价测试前去车行给车做一个维护保养。当然，维护保养的费用将视车的初始状况而定。再深入一步分析，卖主很可能会直接到二手车检测评价机构，要求它把车的质量等级提高到某个标准，然后再鉴定。

评价机构的信息功能与就业市场教育机构的功能类似。它销售的东西，其单位成本随着产品质量的上升而下降。它甚至在它的活动过程中改变了产品的质量。

可能存在一些工作和就业市场，其中也没有有效信号。比如，教育成本不会与任何类型的生产能力有关。在这种情况下，如果指标也失灵了，那么就可以运用阿克洛夫模型。这个模型预测市场可能有多个均衡

---

① 这一观察结果来自阅读几个城市的几种报纸上的分类广告，然后比较这些广告上的价格与交易商的价格。这种观点适用于相对高质量的进口车。

② 在二手车市场中，交易商至少有一部分信息媒介的功能。除了提供担保，交易商的信号传递会发生在整个定价过程中。

或者市场彻底崩溃。

把阿克洛夫模型转换到就业市场，会让人想起肯尼斯·阿罗（Kenneth Arrow）提出的、关于工资决定和歧视的一个更为复杂的模型。[①]

阿罗教授指出，一个人在工作上的努力以及他在工作上取得的成就，可能都与工资有关。这意味着平均质量依赖于工资。而均衡工资依赖于完成工作的平均质量。这种情况如图 12.3 所示。因此它与阿克洛夫模型的紧密关系就很清楚了。

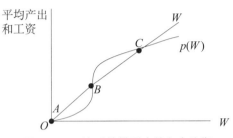

图 12.3　工资反馈模型中的多个均衡

如图 12.3 中所画的那样，市场上有三个均衡。点 A 和点 C 是稳定均衡，在点 A，市场没有交易发生，点 B 不是一个稳定均衡。那么现在，一个有趣的问题是，如果有两个可识别的群体，分别对其运用这个工资反馈机制，最终得到的均衡可能不同。这一论点实际上是在第 4 章中提出的，是在讨论教育传递信号与种族的相互作用时得出的。雇主对那些看起来一样的人取平均水平。用于划分不同群体的特征的可观察性，足以设置任一给定人员表现的外部影响的范围。因此，有可能找到基于均衡布局差异的歧视，这些均衡布局是对两个可识别群体运行上述反馈机制得到的。事实上，如果一个群体的工资反馈在点 A 终止，那么这一现象看起来就像是职业排斥。

对这一部分的讨论做一总结，以下三点与该问题紧密相关：

1. 理解就业市场信号传递博弈的信息结构，有助于解释其他市场中有效信号传递的缺失。二手车市场就是一个例子。

2. 买方和卖方对产品质量的不确定性不对称，这可能使产品质量

[①]　K. J. Arrow, "Models of Discrimination," in A. H. Pascal, ed., *Racial Discrimination in Economic Life* (Lexington, Mass.: D. C. Heath, 1972). 为了便于阐述，我将讨论它的一个简化版本。对该问题有兴趣的读者，最好去阅读原文，以便有一个全面的了解。

和产品数量都成为价格的函数。这一点与有效信号的缺失综合在一起，可能导致市场存在离散的多个均衡，或导致根本就不存在市场。

3. 阿罗工资反馈模型的一个简化形式具有我们所讨论模型的类似结构，即缺失有效信号。但是如果市场存在多个均衡，那么指标可能还在继续发挥作用。将工资反馈机制运用于不同群体，可能得到不同的均衡。指标影响的来源与就业市场信号传递博弈很相似。但在这里，人们对指标的反应是自动的，而不是个体信号传递决策的结果。

第*13*章　市场信号传递中的歧视性机制

对于市场信号传递博弈的歧视性，学者们早已投入相当多的关注。其实，如果没有碰到信息系统中可能引起歧视的根源，你不可能承认可以观察到的、不可改变特征的信息作用。

我们前面讨论的教育信号传递模型中存在多个均衡。当把可以观察到的、不可改变的特征附加到那个模型上时，多个均衡就变成两个或两个以上明显不同群体的任意不同的信号传递均衡布局。在只有一个市场的情况下，在扣除信号传递成本后的净收入量上，可以察觉到这个效果。在这种情况下，工资歧视不是问题。

但在多市场框架下，这个效果可能有更深远的影响。因为在多市场框架下，雇主的期望有可能会使整个群体自我选择退出某些市场。当这种情况发生时，雇主理念与他的市场经验一致，因此是不可改变的。于是，这个效果将是以信息为支撑的持续的职业分离或工作分离。

这种现象不需要建立在一个群体的生产力比另一个群体的低这样一个粗略的理念集合上，尽管它可能确实是这样建立起来的。事实上，它可能与信号传递成本差异有关。在单一市场模型中，信号传递成本差异本身不会导致歧视出现；在更接近现实状况的多市场模型中，情况也是如此。在多市场框架下，有些行业的雇主可能相信教育等同于一个信号，对黑人和白人来说或对男人和女人来说，教育都只是一个信号。但如果一个群体的教育成本高于其他群体，那么这个群体可能永远不会出现在市场中，从而雇主理念是不会遭到质疑的。假如我们强迫目前被排斥在外的群体中的一些成员进入市场，因为在一个给定的能力水平上，这些成员的教育成本更高，所以雇主最终会了解到一个给定的教育水平意味着这一群体的人更聪明能干。

当信号传递成本差异存在的基础是一个非生产性的、观察不到的特征时，这一现象就发生了变化。父母的收入状况可能是一个例子。在单一市场框架下，无法观察到来源的信号传递成本差异引发工资歧视；而在多市场框架下，它可能会将某些潜在的生产力群体有效地排斥出某些市场。考虑到美国目前教育经济资助的社会模式，因为专业研究生的培训费用在很大程度上由个人承担，而且接受培训的实际成本对不富裕的人来说要更高一些，所以我们在商界或学术界看到的穷人很可能比在法律界或医学界看到的要多。

当然，即使没有信号传递成本差异，也会出现类似的现象。雇主可能相信，有些群体可能比其他群体需要更多的教育来发射一个给定能力水平的信号。这也会导致把一个或更多个群体排斥出市场。信号传递成本差异引发的额外效果只有可能是有效的职业排斥，即便雇主的条件概率理念是非歧视的。雇主（还有对招生问题来说的招生委员）可能对他们本不该做出反应的指标做出了反应，比如种族，或者当我们希望他们不要做出反应时他们却做出了反应。但他们也可能对本应该做出反应的指标却没有做出相应的反应。

一般地，单一市场模型中的低水平均衡困境（lower equilibrium trap）在多市场模型中可能演变成职业选择模式上的严重差异。在包括偏见的微观经济理论中，对部分这样的严重差异做出了令人信服的解释。[①] 除此之外，还有一种可能是持续的预期偏差。我们的分析表明，这些差异会出现在市场内部，也会出现在市场与市场之间。没有理由期望这些机制是相互排斥的，相反，它们可能是互补的。

但它们不是同一件事。理解这一点的一个方法是，问一问它们都会引起什么样的变化，以及变化的动态过程是什么样的。当信息系统受到猛烈冲击时，以信息为基础的工作分离也将崩溃。信息障碍是真实存在的，但也是脆弱的。一旦排斥的模式破裂，那么雇主的市场经验也相应改变，而人们可能期望在系统快速到达一个新的均衡时，出现一个更快速的"倾翻"现象。另外，建立在偏见基础上的障碍不会这么快瓦解。

---

① K. J. Arrow, "Some Models of Racial Discrimination in the Labor Market," RAND Memorandum RM-6253-RC, February 1971; G. Becker, *The Economics of Discrimination* (Chicago: The University of Chicago Press, 1957); T. C. Schelling, "Models of Segregation," RAND Memorandum RM-6014-RC, May 1969; and L. Thurow, *Poverty and Discrimination* (Washington, D. C.: The Brookings Institution, 1969).

如果障碍看起来具有信息基础，那么简单地制定一个最小限额就可以解决这个问题。在执行操作了一段时间之后，再把这个最小限额去掉，而对原来的均衡没有影响。[①]

理念不一致证据的缺失

在很多领域，因为理念会引起行为表现，而这些行为被放置在一个合适的环境中时不会令人产生矛盾的体验，所以理念被变相地加以证实。人们自我选择退出某些市场就是一类普遍的例子。可能还有许多其他相关类型的例子。多年来，在棒球大联赛中没有黑人运动员。这一现象持续存在无疑是迫于这样一种看法，即如果运动员名册上有黑人出现，那么带有偏见的球迷将不会前来观看棒球比赛。只要所有的管理者都相信这一观点，或者是宁愿相信它，那么进行试验来否定这一看法的动力就很小，尤其是试验失败的话，要扭转试验可能会很困难。黑人加入棒球队的模式，就像涓涓细流汇成滔滔江水，表明之前的进入障碍的来源可能一直具有这样的信息变化。

这种加入模式，使人们想起乱倒垃圾现象。[②] 确实，人们怀疑乱倒垃圾模式部分地基于预期。如果一个人在某一时刻相信少数族裔的大量涌入会持续到至少突破他的底线，并且如果有足够多的其他人也持有相同的理念，即使他们的底线不同，那么人们采取的行动会使他们的理念得到证实，进而乱倒垃圾现象也完成了。即便人们的底线使得在没有预期行动的情况下，垃圾的倒进或倒出都会停止，上述现象也会发生。

而且如果乱倒垃圾现象成为社会制度中的常规模式，那么这将加强人们在新形势下对制度解体的期待。如果人们有这样一个模型，在这个模型中人们的预期或理念很重要，那么人们就必须解释清楚他们的预期或理念来自哪里。我们这里给出的建议是，过去乱倒垃圾现象给人们现在关于乱倒垃圾模式的理念提供了数据基础。这些理念往往在邻里间或

---

① 注意到，一般地，我们一直在考察的信息均衡在习惯模式下是没有弹性的。我们习惯于把市场均衡当作价格均衡。如果把这两个均衡概念对换一下，新置入的力量就把系统移回到它原来的位置。信号传递均衡更像建筑的油灰，而不像橡胶。一旦被替换，不必奇怪，系统会达到一个新的静态分布。

② T. C. Schelling，"Neighborhood Tipping，" Harvard Institute of Economic Research，Discussion paper no. 100，December 1969 详细讨论了乱倒垃圾现象。

制度间产生或加速了乱倒垃圾现象，而这些现象反过来产生了加强数据。

人们已经观察到，在那些已知有犯罪行为的人中，黑人和白人被逮捕的概率不同，黑人的逮捕率要高。造成这一现象的一个原因可能是肤色是高度可以观察到的指标，因此目击者能够记住它。知道某个人是黑人，比知道某个人是白人，大大缩小了搜捕范围，之所以这样说，只是因为在大多数情况下，黑人是一个少数族裔。[①]

关于这一现象的另外一个假说是，对于那些没有目击证人的犯罪活动，警察可能会把搜捕的主要精力放在黑人社区或穷人社区，无论对错，他们都相信他们更有可能在那些地方找到犯罪分子。如果努力搜捕区域和最终实施逮捕之间是正相关的，那么警察就会倾向于到少数族裔群体中去搜捕罪犯。因为只有那些已经结案的犯罪数据才对评估不同群体成员的犯罪比率有帮助，所以这些数据往往又加深了警察们的最初理念。而市场均衡会取决于那些基本的实际比率，以及警察致力搜捕的社区与最终逮捕的关联程度。找到你正在寻找的那个东西，这使我们想起了就业市场信号传递模型，它们之间的不同在于，这里好像没有有效的信号传递。

雇主偏见

雇主偏见（employer prejudice）会引发工资歧视，或职业排斥，或两者都有，还可能影响市场信号传递均衡。考虑表 13.1，它是对模型 3a 的一个调整，调整后，对于其中一个小组，雇主只愿意按其边际产出的 2/3 来支付工资。

表 13.1　　　　　　　　　　具有雇主偏见的市场数据

小组	生产力	雇主的支付意愿	教育成本
W	1	1	y
W	2	2	$y/2$
B	1	2/3	y
B	2	4/3	$y/2$

[①]　David Wheat，"A Consideration of the Disproportionately Large Percentage of Black Arrestees," unpublished paper，November 1971 提出了这一机制。Wheat 先生是哈佛大学肯尼迪政府学院的一名教学和研究助理。

不难看出，调整后的市场均衡具有我们熟悉的形式。有两个相互独立的临界值 $\bar{y}_W$ 和 $\bar{y}_B$，它们的取值范围分别是

$$1<\bar{y}_W<2$$

和

$$2/3<\bar{y}_B<4/3$$

在均衡状态下，各个小组的工资和可支配收入如表 13.2 所示。

表 13.2　　　　　　　　　　　信号传递博弈的结果

小组	生产力	工资	教育	可支配收入
W	1	1	0	1
W	2	2	$\bar{y}_W$	$2-\bar{y}_W/2$
B	1	2/3	0	2/3
B	2	4/3	$\bar{y}_B$	$4/3-\bar{y}_B/2$

从表 13.2 中可以看出，不只是工资下降，受歧视群体投资在教育上的支出水平可能也下降了。对均衡本身来说，这可能并不是一件不利的事情。工资级差比信号传递后的收入差额要大。

但是，假如我们从外部视角来观察这个系统，我们会看到，低工资与低水平的 y（比如，教育）相关联，低水平的 y 与 B 组相关联。于是，看起来 y 好像是有效益的，而 B 组成员遭到损害是因为他们没有购买足够多的 y，或者以其他方式获得足够多的 y。然而在这个例子中，这样的分析是错误的，并且这样分析的原则是无效的。提高 y 将只是简单地提高 $\bar{y}_B$。

统计性歧视

"统计性歧视"（statistical discrimination）一词指这样一种状况：在这种状况下，因为指标与生产力相关，所以雇主从指标中推断出生产力状况。因此，人体的大小可能是力量的一个指标，因为人体的大小和力量有关联。虽然这种说法很可能难以证实，但人们还是怀疑，当大家提到歧视的信息基础时，大多数人想到的还是统计性歧视。如果一个指标与生产力无关，与任何和生产力有关的东西都不相关，那么它如何成为信息的有益来源呢？

我希望能够通过指出这一点而使人们相信，一旦我们承认市场上存在有效信号传递（教育信号传递就是一个例子），就会有很多方法使指

标与信息相关。统计性歧视机制并不是一个错误的想法，但它是指标如何在市场信息系统中运作的一个极端不完全的看法。这一点可能并不十分重要。大家可以回忆一下，在包含教育和种族的模型中，许多均衡都不取决于生产力和指标的基本联合分布。因此，我认为，在大多数就业市场中存在的有效信号传递，通常会削弱存在于基层人口中的任何统计特征的影响力。

如果生产力与某个指标有关，那么不管出于什么原因，市场的输出结果都将是由该指标划分出的各个群体上的平均工资级差。但这与市场的信息结构没有或几乎没有任何关系。在完全信息市场中，情况如此；在教育本身是一个完美信号的市场中，情况也是如此。

补偿分类的误用

在前面曾经讨论过，当市场中存在信号传递成本差异时，如果在解释有效信号时无法调整这一问题，那么将会导致歧视的产生。于是自然地，那些没有偏见的雇主通常会对遭受歧视的群体进行补偿，除非法律禁止他们这样做。类似地，高校和研究生院虽然都正式否认它们会去获取申请人的某些特定指标，但它们往往又发现，很有必要以非正式的方式找出这些指标。如果它们不去找出这些指标，那么它们就无法调整以前对黑人和其他人在教育或其他方面所做的不利决定。而没有这样做本身就是一种歧视。

但是，宪法对所有种族都一样，这很可能是为了随时保护所有人免受某些偏见的不利影响。而那些人们认为落在宪法允许范围内的活动，随着时间的推移，它们的活动范围在法庭那里似乎正在扩大。① 站在无种族歧视的立场上，一个法庭最近要求华盛顿大学法学院录取一个被它拒绝的白人学生。这个学生在法庭上申辩说，有几个比他申请条件低的黑人学生被录取了，这是不公平的。法庭事实上是要求法学院统一解释（并且应用统一标准）所有的"合法"信号。

---

① 这种活动范围的扩大，伴随着对"国家行动"的日益广泛的解释，国家行动是美国宪法第十四修正案在民事诉讼中的应用。当然，除了宪法的规定，还有民事权利立法。这项民事立法还采取了不良的立法形式：种族、肤色、国籍等等不是广泛的经济决策和社会决策制定的根据。

有很多原因让我们对这个案件的审理结果表示担忧。首先，由于过去的种族歧视造成现在的黑人法官很少，因此，一个黑人法官在黑人社区的工作效率很可能会比与他工作能力相当的白人法官要高。其次，从作为案例典范来说，此案的审理结果具有无可比拟的益处。但最令人担忧的是，不能从那些人们真正关心的基本属性中区分出信号来。我能够想到，没有一个合理的、规范的原则，要求平等对待那些分数或任何其他指标或信号相等的人。正如我们早已看到的那样，在社会生产力层面上的平等对待，可能需要在信号层面上的不平等对待。

但是，如果法律允许对诸如种族、性别、家庭收入等指标做出某种反应的话，那么就必须要小心了。因为我们要面对的问题是：对指标的反应什么时候是正当的？人们可能会争论说，指标的反应者必须在过去经验的基础上，简单地证明工作能力的条件分布，考虑像教育这样的一个信号，随着两个或多个群体而不同。这种争论至少有两个方面是错误的。第一个方面，它未能排除这样一种区别对待，这种区别对待是由两个或多个明显不同群体的信号传递均衡布局上的任意差异引起的。正是在这种情况下，抑制对指标做出反应可以有效地消除歧视现象。

第二个方面更加难以陈述，但具有同样的重要性。假设教育成本随家庭收入而系统变化。由于种族与家庭收入正相关，因此教育成本将会与种族正相关。

如果贫穷是造成因果循环的基本因素，那么人们很可能想要阻止在种族基础上进行调整。更明确地说，在理想状态下，假如在给定教育条件下，工作能力的条件分布随着由某个指标划分的群体的不同而变化，并且正是这个指标本身被认为是根本的决定性因素，也就是说，直接影响信号传递成本的因素，那么人们希望允许对指标做出反应。可能存在几个因果循环要素，种族、性别、家庭收入都有可能是因果循环要素。如果它们确实是的话，那么应该加以利用。

因为要想运用一个判别标准，需要应用它对教育弊端和其他弊端的来源做因果解释，所以判别标准越复杂，就越难以运用。但如果未能使用它，就要冒着引入进一步歧视的风险，这些风险目前还不存在。就错误指标对信号进行补偿性解释，比完全没有补偿性解释还要糟糕，对此我不准备辩论。我确实认为，法律上允许的对指标的反应应该力求达到完美，在这种状态下，只对根本的因果循环因素做出反应，只要它们能够被确定下来，就随时做出反应。

第14章 总 结

就本书所讨论的主题来说，本书的绝大部分内容关注的焦点一直是：在什么情况下，人们在一个类似市场的环境中传递有关自己的信息。由此产生的市场信号传递博弈通常具有两个鲜明的特点，然而，不是所有的市场信号传递博弈都具有这两个特点。一个特点是，在任何时间，市场中的人数相对来说都比较多；另一个特点是，任何一个个体在市场中出现的次数相对来说都比较少。这两个特点综合在一起，使信号的主要发射者不可能对信号传递进行投资。这对整个市场来说都是有益的。

当信号传递发生时，信号在一个非常不同寻常的基础上传递出去。信息通过指标和信号进行传递。指标是不可改变的（或者，比如在信贷市场那样有时是未改变的）、可以观察到的特征，能够直接传递统计信息。但我的主要兴趣一直在信号上。信号是可以改变的、可以观察到的特征。当下述两个条件满足时，信号以信息的方式来发挥其功能。第一个条件是，存在信号发送者的某个特征，这个特征对信号接收者来说很重要，但他一定观察不到。无论这个特征是什么，它必须影响了信号接收者愿意给信号发送者的回报方式或回应方式。第二个条件是，信号传递活动的成本必须与信号接收者重视的那个观察不到的特征负相关。这里唯一需要提醒注意的是，在解释特定的信号传递博弈时，一定不要以狭隘的眼光来看待成本和回报。这两个条件将被作为信号传递活动，即那些信息内容不随时间推移而变化的活动，得以持续的先决条件。

借助均衡概念，我们检验了这类市场信号传递博弈。均衡通过下述条件来定义：（1）信号接收者修正的条件概率理念；（2）一个产生新数据的反馈机制，理念的修正建立在这些新数据之上。这个反馈循环的构成元素是一些理念，它们为信号接收者生成提供的奖励、信号传递活动，并导致发生实际交易（比如，在就业市场中的雇佣）、出现新的市场数据及修正理念。一个均衡就是一组理念，这组理念经过一次循环之后不再需要修正。值得注意的是：（1）信号接收者最终了解了那个他们在交易发生前观察不到的信号特征；（2）给定可以观察到的特征，理念以观察不到的特征上的条件概率分布的形式来表达；（3）相关特征的基本分布在信号传递群体中随着时间的推移而稳定。但这并不意味着实际参与者是相同的，在就业市场中他们并不相同。当这三个条件中的任何一个未能成立时，则必须修改模型。我们会用几个例子来说明这一问题，这可能会激励对该问题的进一步深入研究。

关于交易后的信息反馈问题，有几个例子表明这些信息反馈是不完全的。一个人甚至几个人去拜访一位内科医生，这并不能给一个外行提供关于这个医生职业能力的所有相关信息。这样的信息反馈充其量是不完全的。关于基本的信号传递群体的稳定不变性，人们可以并且也应该担心那些在一个循环周期内失业后再次寻找工作的劳动力的结构变化。学术就业市场的这种状况目前很糟糕。如果这种状况持续存在，那么人们能够预期，将来出现在这些市场中的求职者会调整其能力、兴趣及信号传递行为。那么雇佣机构将不得不适应这些变化。

依照传统经济学的标准来判断，信号传递均衡有一些奇特的性质。比如，市场有多个均衡，还常常有连续范围的均衡；此外，弹性也丧失了。如果一个信号传递均衡受到外部因素干扰，那么想要回到原来的均衡会有点困难。从非生产性资源的总消耗来说，有些均衡比其他均衡糟糕，有时还会发现一个均衡帕累托劣于另一个均衡。当教育是一个信号时，教育的个人收益和社会收益不同（当然，还有其他的原因造成了这两个收益的不同），信号传递造成个体收益大于社会收益。对其他类型的信号传递活动来说，结论同样成立：有意积累的工作经验作为未来求职的一个信号就是一个例子。信号传递活动的财富效果需要做进一步的研究，包括实证研究和概念研究。实证问题是显然的：个体收益和社会收益有多大的不同？对于概念问题，比如测量社会福利的损失，我们必须考虑当前市场信号传递模式的实际替换模式。在这一方面，有大量的工作需要去做。

指标与信号传递相互作用。除了携带统计信息之外（这一点可能重要，也可能不重要，取决于模型背景），指标还通过对系统中信息的外部性设置自然界限来影响信号传递博弈的逻辑结构。多个均衡转化为不同群体的不同均衡（由指标定义）。这会在单一市场框架下发生，也会在多市场框架下发生。在多市场框架下，均衡可能表现出两个或多个群体的职业分离。指标还凭借着与信号传递成本、可替代的市场机会及有时候与生产力的相关性，影响信号传递博弈。

在就业市场，教育、工作经历及培训被看作典型信号。而指标则包含了形形色色的特征：考试分数、身材大小、性别、种族、履历、犯罪记录、服务记录、病史等等。显然，一个重要的现代公共政策问题就是控制这种类型个人信息的存储和获取，在这里，我们只是稍微提及。[①]在其他信号传递状态下，可以找出各种各样的信号：从奢侈品消费到个人资产组合的流动性。指标是在增加的，在有些市场（如信贷市场和消费者信贷市场），由于信号传递成本超过了可能的收益，所以诸如房屋所有权这样的潜在信号变成了有效指标。

市场信号传递需要深入研究

在就业市场这个典型例子中，市场逻辑信息结构仅有的一个至关重要的决定性因素就是缺乏突出的、主要的信号传递者。信号传递者有很多，但就个人来说，他们很少出现在市场中。这导致了平均化、外部性和多个均衡的出现。相比之下，考虑耐用消费品市场上的大型生产商和销售商，它们有一个信息方面的问题。消费者在购买商品前并非想当然地就知道产品的质量甚至是产品的所有属性。这存在一个信息缺口，因此，信号传递在逻辑上的可能性也至少存在一个缺口。但那些最主要的信号传递者，在这种情况下就是那些大型生产商和销售商，它们在数量上相对较少，并且经常活跃于市场中。事实上，它们连续不断地出现在市场上。因此，人们甚至不能期望这种类型市场的信息结构趋近于就业市场的信息结构。于是，问题在于：如果这种类型的市场有信息结构的话，那么这个信息结构看起来是什么样的，信息又是如何传递的呢？

对这些问题，我没有答案，甚至没有这种情况相关特征的一个构建完好的模型。但是，以就业市场模型为背景，在该模型的基础上提出的

---

① Arthur R. Miller, *The Assault on Privacy* (Ann Arbor: University of Michigan Press, 1971).

几个想法或猜想，可能会激励这一方向上的进一步研究。

1. 大型销售机构会获取并维持它们的信号传递声誉。信号传递将会部分地采取多种质量控制的形式。

2. 商标名称很重要。为了购买一个特定的耐用消费品，消费者到商场的次数相对很少。因此，通过商标名称推导产品间的质量信息就很重要。

3. 于是，多产品的销售商在一个特定的商标名称下进行销售，会在消费者领域具有信息优势。它们会具有竞争优势，并将消除或并购单一产品企业，即便没有严格有效的交叉产品的报酬递增，它们也会这样做。

4. 可以预期，多产品零售店通过消费者对产品质量的交叉比较而具有相同类型的优势。产品质量通过零售公司的采购得以保持。

5. 大型生产商和销售商都会投资营造自己具备全面的技术能力和创新能力的良好形象，这样做给公司名下的所有产品都带来了好处。

6. 人们期待，有些特定产品的制造商不要在它们的生产线内上上下下地整合产品质量控制范围，尤其是当生产线内产品间的区别已经很难观察出来时，就更不要这样做了。究其原因，这样做会让消费者感到困扰。

7. 企业会横向整合产品，以实现内生于它们的优质产品普遍信誉的报酬递增。它们不会在一条特定的生产线内上上下下地整合产品的质量控制范围。有时它们会引入新的商标名称。

8. 就多产品市场组织来说，人们可能期望观察到各种各样的企业，每一家企业都横向地（比如，产品）整合过；并且，每一家企业在价格—质量范畴内占据的位置只是稍微不同，在这个范畴内价格和质量同时变动。换句话说，人们期望产品质量按企业（或者至少按商标名称）进行划分。

9. 所有这些都取决于消费者把企业看作一个协调的代理人，而不是生产部门松散的结合体。由消费者体验到的、一个特定商标名称下各种产品间的质量差异，会摧毁消费者按商标名称做出的关于产品质量的推断，也会摧毁企业从普遍的质量声誉中实现报酬递增的能力。因此，企业会把自己作为对质量管理胸有成竹的庞大组织来进行宣传。

这些都还只是猜想，它们的正确性还需要在一组条理清楚、描述一个市场信息结构的概念框架内加以验证。注意，经销商是在销售彩票。如果人们把产品想象成彩票，那么对一种产品的质量选择真的会改变一家企业销售的其他产品。

信息媒介

许多作者都已经注意到，信息搜集可能会使收益急剧增高。经慎重思考后我们认为，这些观察到的现象表明，存在这样的经济机构，其主要功能就是搜集和传播各种信息。但是说句公道话，到目前为止，我们对这种机构提供的服务、其生产函数及其盈利能力的理解，是不完全或不准确的。

作为在这一研究方向上迈出的第一步，认识到信息媒介能够提供不同种类的信息是很好的。在就业市场研究背景下，对某些标准类型的工作，职业介绍所能够并的确使筛选过程集中化。就业市场信号传递博弈，如我们已经描述的那样，是申请人和代理机构之间的博弈。代理机构销售信息并把信息传递到最终的雇主那里。减少筛选机构带来的社会效益是显而易见的。代理机构的收益部分来自差额。当然，代理机构在传统信号传递代码的基础上，与雇主交流沟通，而信号传递代码之所以能够保留下来，是因为代理机构（和雇主）经常出现在市场中，因此会理性投资未来的交流沟通能力，这一点与求职个体不同，他们很少到市场中来。

信息媒介并不总是传递关于商品和服务的不确定性方面的信息，它还传递对经济主体有价值的其他类型的信息，比如价格、谁在市场中、提供了哪些商品等。批发商在市场中会找到买家和卖家，会传递价格信息，甚至会使单位商品价格的讨价还价更便利一些。所有这些都是可以直接观察到的。从经济理论的角度来看，我们需要一个模型，它能够解释或预测这种机构的行为，并最终能够对如下两个方面有所帮助：(1) 市场中的机构，(2) 市场效率。

在这里，鲍尔德斯顿（R. E. Balderston）教授的有趣的工作值得一提。[①] 假设有 m 个买方和 n 个卖方，分别位于市场的各个方向（见图 14.1）。

没有批发商时，能够传递完全价格信息的沟通渠道有 mn 个（可能

---

① 参见鲍尔德斯顿于 1971 年夏天在加利福尼亚大学伯克利分校所做的关于市场和不确定性的演讲。

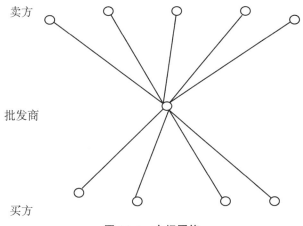

图 14.1　市场网络

会随着时间的推移而改变）。有一个信息媒介时，沟通渠道的数目降到了 $m+n$。有两个信息媒介时，情况有点复杂。假设每一个卖方至少与一个信息媒介相连，而每一个买方与两个媒介都相连，那么沟通渠道的数目是 $2m+n$。一般情况下，有 s 个信息媒介时，沟通渠道的数目是 $sm+n$。下面这种说法看起来似乎是正确的：在沟通渠道成本合理的假设下，只有一个媒介是最有效的。但是，在市场均衡状态下，能否找到一个批发商，这一点并不清楚。

　　我的目的并不是在这里尝试分析这种情况。显然，有一些这种类型的有趣的微观经济学问题有待解决。

价格信号传递

　　价格可以用来传递不同的信号。一些高度可视的高价商品是表明社会地位的信号。商品本身就是信号，它的信号传递的影响力来自它的高价格及大家都知道它的价格高这一事实。高级时装设计和进口汽车就是例子。商品本身一定要么是自然昂贵，要么是，就时尚来说，不断地变化。但在任何一种情况下，目标都是一样的：难以模仿。

　　这种情况下的市场均衡不仅反映出商品的成本，还反映出市场中隐含的拥堵现象。当商品价格升高时，有些人被逐出市场，有些人留在市场中，留下的确切原因是由于买方人数减少。这正是任何拥堵收费定价问题的一个典型情况。因此，商品价格的一大部分归因于排他成本，而不是生产和销售成本。

价格—地位信号传递也许没有价格—质量信号传递普遍。卖方经常利用价格，他们制定了商品价格，作为商品质量的直接信号。经常处于市场上的销售商，可以使产品线中的商品价格与质量有关。如果它这样做了，那么买方会把商品价格作为商品的质量信号看待。一个直接的、尚未解决的问题是，垄断销售商的最优价格—信号传递策略是什么。价格很少被最优化地用来传达完整的、准确的信息。混合策略可能有些时候反倒是合适的，但我们不知道应该在什么时候使用它们。

解决了这个问题之后，我们就可以着手考虑竞争性定价这个更复杂的问题；具体到卖方来说，竞争性定价所处的环境是价格可以作为信号来使用。

价格—质量信号传递系统可以作为传统信号传递系统的例子。因为它们一直被采纳和使用，并且随着时间的推移为消费者所了解，所以它们是有效的。如同一个多产品销售商做出的直接质量选择一样，没有理由期望所有的卖家都采用同样的价格—信号传递策略。相反，人们可能期望有一系列的卖方策略，从高平均价格及高质量的信号传递到低平均价格及产品质量的多样化。在大多数大型城镇地区的多产品零售店内，我们肯定可以观察到这一现象。

常规信号传递代码

常规信号传递系统（conventional signaling system）指这样一个系统，在这个系统中，信号发射者依据如下准则选择信号：它规定了如何使不同的社会状况与合适的信号相联系。只要人们知道这些准则并运用它们，这些信号是什么倒并非真的重要。语言是常规的信号传递系统。在这种背景下，"常规"指按惯例交流。我们遇到过几个有常规因素的例子。滑雪场报道是一个几乎纯粹的常规信号传递系统。滑雪胜地打电话通报雪场状况，并且每天播放。滑雪场实际上没有直接的信号传递成本。

至于价格—质量信号传递问题，可以分两个阶段来全力处理：首先，在没有竞争压力的情况下，确定滑雪胜地对信号传递代码的最优选择；其次，检验竞争对信号传递模式的影响效果。然而，即便是第一个问题，也不像它听起来那么简单易行。不过可以确定以下事项：滑雪胜地对信号传递代码的最优选择不涉及混合策略；如果滑雪者对风险的偏好和反应态度相似，那么信号的最优个数是两个；即使滑雪者不相似，那么信号的最优个数依然会比较少，并且由此产生的信息流既不完全，也不准确。

鉴于市场信号传递博弈中常规元素的普遍性，它既不是最为常见的合作博弈，也不是最为常见的零和博弈，因此还有许多工作需要去做。

附　录

　　本书附录内容与就业市场信号传递模型有关，它们旨在扩展、总结前文讨论所得出的结论。特别地，它们证明了：（1）信号传递均衡具有的性质不依赖于所选择的数值化例子。（2）多个均衡不是部分均衡框架的结果。雇主风险厌恶影响了博弈的结果，但是风险厌恶型雇主并没有被不那么厌恶风险的雇主驱逐出市场。（3）存在一般信号传递均衡。（4）静态的一般均衡模型可以扩展到包括如下事实：其一，一个人的信号传递和就业历史十分重要；其二，人们在他们的整个工作生涯中，在选择信号和工作时，会提前考虑这一问题。

附录A　就业市场信号传递的一个连续的部分均衡模型

假设和符号

1. 令

n＝一个影响生产力的、观察不到的、不可改变的个人特征，

y＝一个可能影响也可能不影响生产力的、可以观察到的、可改变的特征，

s＝个人生产力，

$R(s|y)$＝给定y时雇主在s上的条件分布，

$c(y, n)$＝一个类型为n的人传递信号y的成本，

$W_R(y)$＝给定条件分布$R(s|y)$，雇主提供给水平y的人的工资，

$A(n)$＝一个类型为n的人在这个市场之外获得的最高净收入。

2. 雇主是风险中性的，因此

$$W_R(y) = \int s dR(s|y) \tag{1}$$

3. 人们选择y来最大化

$$\max_y \{W_R(y) - c(y, n)\} \tag{2}$$

令

$$\phi_R(n) = \max_y \{W_R(y) - c(y, n)\} \tag{3}$$

4. 定义集合

$$\xi_R = \{n | \phi_R(n) \geqslant A(n)\} \tag{4}$$

集合ξ_R是留在这个市场中的人员集合。

定义：

$$Y_R(n)=\{\bar{y}\,|\,W_R(\bar{y})-c(\bar{y},\,n)\geqslant W_R(y)-c(y,\,n)\} \tag{5}$$

定义：

$$\Lambda_R=\{y\,|\,存在\,n,\,使\,y\in Y_R(n)\} \tag{6}$$

5. 个人生产力 s 由 n 和 y 依据函数 S 确定

$$s=S(n,\,y) \tag{7}$$

6. 均衡的定义如下：对所有的 $y\in\Lambda_R$，令 $R_R{}^*(s\,|\,y)$ 是给定 y 时 s 上的经验条件分布，它出现在雇佣样本中。在均衡状态下，对所有的 $y\in\Lambda_R$，有

$$R(s\,|\,y)=R_R{}^*(s\,|\,y) \tag{8}$$

命题 1： 如果 $c_y>0$，$S_n>0$，$c_{yn}<0$，并且对某个 y^* 和所有的 y，有：如果 $y\geqslant y^*$，$c_y>s_y$，那么就存在一个均衡 $R(s\,|\,y)$，具有如下形式

$$R(s\,|\,y)=0,\ 对于\ s<f(y)$$
$$=1,\ 对于\ s\geqslant f(y)$$

其中，函数 f 满足 $f'(y)>0$。

证明： 如果 $R(s\,|\,y)$ 具有如下形式

$$W_R(y)=f(y) \tag{9}$$

那么个人通过设置如下条件来最大化净收入

$$f'(y)-c_y(y,\,n)=0 \tag{10}$$

前提条件是

$$f''(y)-c_{yy}(y,\,n)<0 \tag{11}$$

对于那些观察到的 y 值，我们要求它满足

$$s=S(n,\,y)=f(y) \tag{12}$$

于是，如果（11）式满足的话，那么（10）式和（11）式一起定义了均衡。由（10）式得

$$f''-c_{yy}-c_{yn}\frac{\mathrm{d}n}{\mathrm{d}y}=0 \tag{13}$$

由（10）式和（12）式得

$$\frac{\mathrm{d}n}{\mathrm{d}y}=\frac{c_y-S_y}{S_n} \tag{14}$$

于是

$$f''-c_{yy}=c_{yn}\left(\frac{c_y-S_y}{S_n}\right) \tag{15}$$

但由假设有 $c_{yn}<0$，$S_n>0$，而且

$$\left.\frac{\partial f'}{\partial f}\right|_{y=y^*}=\frac{c_{yn}}{S_n}<0 \tag{15a}$$

于是，通过降低 f 在 y^* 处的值，我们增加了 f' 的值，并进而保证了对所有水平的 n，都会选择 $y>y^*$。但是 $c_y-S_y>0$，且二阶条件也满足

$$f''-c_{yy}<0 \tag{16}$$

因为 $f'=c_y$，所以对于观察到的 y，s 和 y 是一对一的关系。证明完毕。

命题 2：在命题 1 的假设条件下，存在含有一个参数的一组均衡。

证明：因为均衡完全由下述关系式定义：

$$f'(y)=c_y(y,\ n) \tag{17}$$

及

$$S(n,\ y)=f(y) \tag{18}$$

联立方程组，消掉 n，得到关于 $f(y)$ 的一个一阶微分方程，这个方程的通解是含有一个参数的一组曲线，所有解都是均衡。证明完毕。

注：那些我们观察不到的 y 的水平值，事实上对均衡没有影响。换句话说，如果 $R(s|\bar{y})$ 使所有人都不选择 $y=\bar{y}$，那么 $R(s|\bar{y})$ 就是 $y=\bar{y}$ 时的一个均衡条件分布。市场中不会出现否定这一结论的数据。

下面这个命题，主要用于建立信号传递均衡的性质。

命题 3：与一个完全信息的假设相比，每个人都过度投资 y。

证明：在信号传递均衡状态下，有

$$f'(y)=c_y=S_y+S_n\frac{\mathrm{d}n}{\mathrm{d}y}>S_y \tag{19}$$

在完全信息状态下，$W'(y)=S_y=c_y$。因此，在完全信息状态下，y 的最优选择水平要低。证明完毕。

人们想要比较不同的市场均衡。用 $f(y,\ K)$ 表示所有的均衡集，其中，K 是参数。令

$$N=S-c=去掉信号传递成本后的净收入 \tag{20}$$

命题 4：固定 n，则 $\dfrac{\mathrm{d}N}{\mathrm{d}K}$ 和 $\dfrac{\mathrm{d}s}{\mathrm{d}K}$ 的符号相反，$\dfrac{\mathrm{d}s}{\mathrm{d}K}$ 和 $\dfrac{\mathrm{d}y}{\mathrm{d}K}$ 的符号相同。

证明：保持 n 固定不动，对（20）式两端关于 K 求导，得

$$\frac{\mathrm{d}N}{\mathrm{d}K}=\frac{\mathrm{d}s}{\mathrm{d}K}-c_y\frac{\mathrm{d}y}{\mathrm{d}K} \tag{21}$$

对方程 $s=S\ (y,\ n)$ 两端关于 K 求导，得

$$\frac{\mathrm{d}s}{\mathrm{d}K}=S_y\frac{\mathrm{d}y}{\mathrm{d}K} \tag{22}$$

因为 $S_y>0$，所以 $\dfrac{\mathrm{d}s}{\mathrm{d}K}$ 和 $\dfrac{\mathrm{d}y}{\mathrm{d}K}$ 具有相同的符号。由（22）式解出 $\dfrac{\mathrm{d}y}{\mathrm{d}K}$，再代

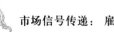

入（21）式得

$$\frac{dN}{dK}=\frac{ds}{dK}\left(1-\frac{c_y}{S_y}\right) \tag{23}$$

因为 $c_y>S_y$，所以 $1-\dfrac{c_y}{S_y}<0$，故 $\dfrac{dN}{dK}$ 和 $\dfrac{ds}{dK}$ 的符号相反。证明完毕。

注：对于给定的 n，变动均衡，使在新的均衡下，s 或 y 得到增加，那么这一变动损害了所有具有特征 n 的雇员的利益；反之，给定 n，损害所有具有特征 n 的雇员的利益的均衡变动，增加了这种类型雇员在 y 上的过度投资。

下面这个命题论证了，参数 K 的变动以与上述相似的方式影响所有的雇员。也就是说，如果增加 K 降低了所有具有特征 $\bar{n}$ 的人的净收入，那么 K 的这个变动将降低每一个人的净收入。

命题 5：如果对任一 n，有 $\dfrac{dN}{dK}<0$，那么对所有的 n，$\dfrac{dN}{dK}<0$。

证明：对 y 的某个固定的值，K 可以被想象成能固定 $f(v)$ 的值。固定 y，由均衡条件得

$$\frac{\partial f_y}{\partial f}=\frac{c_{yn}}{S_n}<0 \tag{24}$$

但是任意两条解的曲线不相交，且 $f_y>0$，所以所有 $f(y)$ 的值都上升，所有 $f_y(y)$ 的值都下降。于是，对于给定的 n，必须增加 y 使下式成立

$$f_y=c_y(y,\ n) \tag{25}$$

因此，对所有的 n，向上移动 f 增加了对 y 的投资。由命题 4 可得，对 N 的所有水平值，净收入下降。证明完毕。

注：把所有雇员看作一个群体，均衡的变动以相同的方式影响所有人。比较两个均衡，会发现一个均衡帕累托劣于另一个均衡。但是，要注意，如果 $S_y>0$，那么均衡变动时，所有人的生产力都将升高或者下降，但人们的工资和生产成本却没有变化。这种效益通常是社会性的，并不是只有雇员才有，有时这种效益的普及程度却非常有限。再重复一次，人们在教育上的投资太高了。它的边际社会收益低于它的边际成本：教育的个人收益超过了它的社会收益。用博弈论的语言来描述就是，由所有雇员组成的大联盟，会通过教育来阻碍帕累托劣均衡和所有的信号传递。

命题 6：如果 $c_{yn}>0$，那么信号传递系统将被破坏，于是信号传递成本不再与那些对生产力有正面贡献的特征负相关。

证明：假设 $f(y)$ 定义了一个均衡，则雇员的收益是 $N=f(y)-$

$c(y, n)$。由命题 1 有，如果 $c_{yn} > 0$，那么

$$\frac{\mathrm{d}^2 N}{\partial y^2} = c_{yn} \left(\frac{c_y - S_y}{S_n} \right) > 0 \tag{26}$$

因此，收益是 y 的凸函数，所以 y 的最优选择在极大值点处。于是，每个人都将取 y 的最小值，从而没有有效的信号传递发生。证明完毕。

注：一个有效信号传递发生的前提条件是，信号传递成本与某个对生产力有正面贡献的特征负相关。对于一个特定的、可以观察到的特征来说，当这个前提条件不满足时，那么这个特征就不是一个均衡状态的持续的信息来源。

读者会注意到，所有这些命题都不需要 $S_y > 0$ 这个假设条件。特别地，有可能是 $S_y = 0$，这时这个信号是无益的。这个信号的个人收益将是正的，并超过它的社会收益，而社会收益是零。甚至有可能是 $S_y < 0$，这时，在这个市场上传递信号将对社会的其余部分增加一个外部成本。

一个人的信号传递决策会影响雇主收到的市场数据、他的条件概率理念、雇主提供的工资计划，并因此影响其他人信号传递的收益，与这一事实相关的外部性是这个系统的特点。没有市场能同时具备这么多的影响效果，所以"外部性"一词还是合适的。信号传递均衡具有的所有性质，都可以在这个复杂的外部性集合中找到它们的来源。

最后，没有必要假设雇主不需要观察特征 n，它是决定生产力 s 的最基本的因果因素。但是如果雇主确实直接观察到了 n，因此他的条件分布就是给定 y 时在 n 上的条件分布了，那么整个模型依然可以用这些术语来表达，并且这些结论一点没有改变。[①] 读者可以证明，如果 $n = g(y)$ 定义了 n 和 y 之间的均衡关系，那么信号传递均衡就由下面的方程确定

$$S_n(g, y)g' + S_y(g, y) - c_y(y, g) = 0$$

上面分析的这些定性的结果可以由这个方程推出。

---

① 托马斯·谢林提醒我注意这一点。我本来是用 n 和 $R(n \mid y)$ 来完成分析论证的，而不是用 s。本模型对这一批评是持开放态度的：即，雇主可能观察不到模型要求他观察到的那些东西。

附录 B 部分均衡模型的扩展：包含指标

我们在部分均衡模型中添加一个变量 z，代表一个可以观察到的不可改变的特征，也就是指标。必要的调整如下。

1. 原则上来说，生产力 s 是 n、y、z 的函数

$$s = S(n, y, z) \tag{1}$$

2. 信号传递成本可能依赖于 z，我们用下述符号来表达成本

$$c(n, y, z) \tag{2}$$

3. 原则上来说，因为 y 和 z 都是可以观察到的特征，所以雇主的条件分布依赖于它们，条件分布表达如下

$$R(s \mid y, z) \tag{3}$$

于是，提供工资 $W_R(y, z)$ 取决于 y 和 z。

4. 虽然在部分均衡框架下很少用到这一事实，但还是把它表述如下：可供选择的机会 $A(n, z)$ 取决于 n 和 z。

命题 1：在上述假设及 $S_n > 0$，$c_y > 0$，$c_{yn} < 0$，$c_{yy} > 0$，$S_{yy} < 0$ 的假设下，存在一个具有如下形式的均衡：对某个 $f(y, z)$，有

$$\begin{aligned} R(s \mid y, z) &= 0, \quad s < f(y, z) \\ &= 1, \quad s \geq f(y, z) \end{aligned} \tag{4}$$

定义均衡 f 的条件是

$$f_y(y, z) = c_y(y, n, z) \tag{5}$$

和

$$f(y, z) = S(n, y, z) \tag{6}$$

证明：对每一个 z，证明如附录 A 中的命题 1。注意，z 是不可改变的这一事实不是个人决策的主题。证明完毕。

命题 2：即使 S、c 和 A 不依赖于 z，f 也可能依赖于 z，并且由指标划分出的不同群体，可能最后处于不同的信号传递均衡布局中。

证明：对每一个 z，联立（5）式和（6）式，利用消元法得到含有一个参数的一组曲线。在给定的假设条件下，对应于一个 z 的曲线组与对应于另一个 z 的曲线组相等。但是，一个 z 对应的曲线组中能够在均衡状态出现的那条曲线可能与另一个 z 的不同。换句话说，实现了的市场均衡将会具有形式 $f(y, K(z))$，其中，对于每一个 z，$K(z)$ 决定了究竟选择哪一条均衡曲线。证明完毕。

注：前面模型中的多个均衡，变成了按指标划分的不同群体上的不同信号传递均衡布局。即使 z 与生产力、信号传递成本及其他可选择的机会无关，这一点也依然成立。

如果去掉假设条件 $S_z = c_z = 0$，那么均衡将由函数 $f(y, z, K(z))$ 来定义，其中 z 是一个独立变量。

命题 3：如果 $S_z = c_z = 0$，$N = S - c$ 保持不变，那么如果 $c_n < 0$，则 $\dfrac{\mathrm{d}n}{\mathrm{d}z}$ 的符号是 $-f_K K'(z)$。

证明：对

$$S - c = 常数 \tag{7}$$

求全微分，得到方程

$$(S_n - c_n)\mathrm{d}n + (S_y - c_y)\mathrm{d}y = 0 \tag{8}$$

对

$$f(y, K(z)) = S(n, y) \tag{9}$$

求全微分，得到方程

$$S_n \mathrm{d}n + (S_y - f_y)\mathrm{d}y - f_K K'(z)\mathrm{d}z = 0 \tag{10}$$

由（8）式和（10）式消去 $\mathrm{d}y$，并注意到 $f_y = c_y$，得

$$\frac{\mathrm{d}n}{\mathrm{d}z} = \frac{f_K K'(z)}{c_n} \tag{11}$$

如果 $c_n < 0$，那么 $\dfrac{\mathrm{d}n}{\mathrm{d}z}$ 的符号是 $-f_K K'(z)$。证明完毕。

注：市场存在信号传递均衡的前提条件是 $c_{yn} < 0$，但这与 c_n 没有任何关系。一般情况下，我们期望 $c_n < 0$，而 $c_n > 0$ 则是比较罕见的情况。注意，如果对某个 y 有 $f_K > 0$，因为 $f(y, K)$ 是 y 的单调函数，且任意两条不同的 $f(y, K)$ 曲线都不相交，所以对所有的 y 都有 $f_K > 0$。因此，如果 $f_K > 0$，$K'(z) > 0$，而 $c_n < 0$，那么 $\dfrac{\mathrm{d}n}{\mathrm{d}z} = \dfrac{f_K K'(z)}{c_n} < 0$，于是

对于固定的去掉信号传递成本后的净收入，n 随着 z 的升高而下降。这意味着，随着 z 的升高，对固定的 $N=S-c$，生产天赋下降。因此，由高水平的 z 值划分的群体就具有优势。反之，随着 z 的升高，具有同等生产力的群体获得的（去掉信号传递成本后的净收入）更多。如果 $c_n > 0$，那么结论相反。

命题 4：如果 $S_z = c_z = 0$，$N = S - c$ 是固定的，$c_n < 0$，$f_K K'(z) > 0$，那么 $\dfrac{\mathrm{d}y}{\mathrm{d}z}$ 是负的。

证明：由（8）式和（10）式消去 $\mathrm{d}n$ 得

$$\frac{\mathrm{d}y}{\mathrm{d}z} = \frac{-f_K K'(z)}{c_y - S_y}\left(1 - \frac{S_n}{c_n}\right) \tag{12}$$

由前面的假设得 $\dfrac{\mathrm{d}y}{\mathrm{d}z} < 0$。证明完毕。

注：假设 $f_K K'(z) > 0$ 等同于假设存在一个针对低水平 z 的均衡期望偏差。如果存在这种情况，那么对于固定的净收入 N，低水平 z 的人们会更大程度地过度投资这个信号。如果 $c_n > 0$，那么 $\dfrac{\mathrm{d}y}{\mathrm{d}z}$ 的符号不确定。

到目前为止，在我们的论证中，净收入一直是固定不变的。人们也可以保持工资不变，从这个角度来分析指标 z 的影响效果。而保持工资不变也就是令 $S(n, y) =$ 常数。于是有如下命题。

命题 5：如果 $S_z = c_z = 0$，$f_K K'(z) > 0$，$S =$ 常数，那么

$$\frac{\mathrm{d}y}{\mathrm{d}z} = \frac{-f_K K'(z)}{c_y} < 0 \tag{13}$$

且

$$\frac{\mathrm{d}n}{\mathrm{d}z} = \frac{f_K K'(z)}{S_n c_y} > 0 \tag{14}$$

证明：对方程

$$S = 常数 \tag{15}$$

求全微分，得

$$S_n \mathrm{d}n + S_y \mathrm{d}y = 0 \tag{16}$$

由（10）式得

$$S_n \mathrm{d}n + (S_y - f_y)\mathrm{d}y - f_K K'(z)\,\mathrm{d}z = 0 \tag{17}$$

联立（16）式和（17）式，消掉 $\mathrm{d}n$ 得到（13）式，消掉 $\mathrm{d}y$ 得到（14）式。证明完毕。

注：当只关注那些具有相同工资水平的人时，如果针对低水平的 z 有一个期望偏差，那么在这个信号上的投资水平随着 z 的上升而下降，生产力则随着 z 的上升而上升。在 $S_y=0$ 的特殊情况下，$\dfrac{\mathrm{d}n}{\mathrm{d}z}=0$。于是，在给定的 n 上，所有人都收到相同的工资。但是这个信号所需要的投资水平，对处于逆向信号传递均衡布局的群体来说更高。

注意，n 和 z 在就业人口中的联合分布与信号传递均衡无关。

如果去掉假设条件 $S_z=c_z=0$，情况就变得更为复杂。z 既有直接影响，也有通过任意一个参数发挥的间接影响，但这两种效应只能部分分离。

命题 6：如果 $S_z=0$ 且 $c_{yz}<0$，则如果对某个 $\bar{y}$ 有：当 $z_1>z_2$ 时，$f(\bar{y},z_1)<f(\bar{y},z_2)$，那么对所有的 $y>\bar{y}$，有 $f(y,z_1)<f(y,z_2)$。

证明：由均衡所需的两个条件（5）式和（6）式得

$$f_{yz}=c_{yz}+\frac{c_{yn}}{S_n}f_z$$

如果对某个 y，$f_z=0$，那么 $f_{yz}=c_{yz}<0$。于是，$f(y,z_1)$ 永远不能自下而上穿过 $f(y,z_2)$。因此，如果在某个点 $\bar{y}$，$f(y,z_1)$ 在 $f(y,z_2)$ 的下方，那么对所有的 $y>\bar{y}$，$f(y,z_1)$ 都在 $f(y,z_2)$ 的下方。证明完毕。

注：指标 z 对均衡 f 的影响如图 B.1 所示。

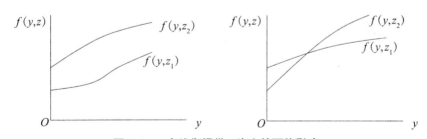

图 B.1　z 在均衡提供工资上的可能影响

命题 7：如果 $S_z=0$，$c_{yz}<0$，那么当 n 固定时

$$\frac{\mathrm{d}N}{\mathrm{d}z}=f_z-c_{yz}$$

证明：保持 n 不变，则

$$\frac{\mathrm{d}N}{\mathrm{d}z}=(S_y-c_y)\frac{\mathrm{d}y}{\mathrm{d}z}-c_{yz}$$

由均衡条件 $f=S$ 和 $f_y=c_y$ 得

$$\frac{\mathrm{d}y}{\mathrm{d}z} = \frac{f_z}{S_y - c_y}$$

于是

$$\frac{\mathrm{d}N}{\mathrm{d}z} = f_z - c_{yz}$$

证明完毕。

注：$-c_{yz}$ 项是正的。如果对于 $y = \bar{y}$，f_z 是正的，那么 $\frac{\mathrm{d}N}{\mathrm{d}z} > 0$。当 n 增加并因而 y 也增加时，f_z 下降，于是，除非增加 $-c_{yz}$ 来补偿收益，否则收益的增幅将减小。如果对于 $y = \bar{y}$，$f_z = 0$，那么对所有的 $y > \bar{y}$，$f_z < 0$ 且 $\frac{\mathrm{d}N}{\mathrm{d}z}$ 的符号不确定。但是，对于 $y \leqslant \bar{y}$，$\frac{\mathrm{d}N}{\mathrm{d}z} > 0$。

指标的一个重要的影响是，可能产生了由指标划分出的不同群体上信号传递均衡布局差异。指标还可能影响生力力，或者它们也可能与信号传递成本有关。于是，由于直接影响的效果，均衡差异效果很复杂。本书对指标影响边际信号传递成本的情况做了简要考察。更详细的研究最好在特定的、出于实证兴趣的数值化例子中进行。而信号传递博弈中潜在的歧视效果是显而易见的。

附录 C　雇主风险厌恶的影响

在这一部分，我们以一个含有常值绝对风险厌恶的效用函数为例子，来讨论就业市场信号传递中的雇主风险厌恶。讨论中缺失的一般性，在合适的地方会指出来。

这里所说的雇主通常指机构。所以，严格地说，风险厌恶一词用在这里不太合适。但是，没有一个与机构有关的理论，把机构看作一个风险厌恶的个体来预测机构的行为，在这种情况下，假设机构的人事部门是风险厌恶的是一个合理的近似假设。

下面的这个命题，让我们得到了关于雇主风险厌恶的一些直接结论。

命题 1：如果两个人在金钱上具有冯·诺依曼-摩根斯坦效用函数，$u_1(x)$ 和 $u_2(x)$，并且第一个人处处都要更加风险厌恶一些，那么对于任何彩票，与第一个人对应的确定的等值货币要比第二个人的少。

证明：这一假设条件可以用下面的式子来表示

$$-\frac{u_1''(x)}{u_1'(x)} > -\frac{u_2''(x)}{u_2'(x)} \tag{1}$$

对任意的 $r(x)$，我们想要证明

$$u_2^{-1}\left(\int u_2 r\mathrm{d}x\right) > u_1^{-1}\left(\int u_1 r\mathrm{d}x\right) \tag{2}$$

（2）式成立的充要条件是

$$u_1\left(u_2^{-1}\left(\int u_2 r\mathrm{d}x\right)\right) > \int u_1 r\mathrm{d}x \tag{3}$$

而（3）式成立的充要条件是

$$\int\left[u_1\left(u_2^{-1}\left(\int u_2 r\mathrm{d}x\right)\right) - u_1\right] r\mathrm{d}x > 0 \tag{4}$$

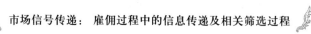
而（4）式成立的充要条件是

$$\int\left[u_1\left(u_2^{-1}\left(\int u_2 r\mathrm{d}x\right)\right)-u_1\left(u_2^{-1}(u_2)\right)\right]r\mathrm{d}x>0 \tag{5}$$

普拉特（Pratt，1964）证明了：在假设条件（1）下，$f(x)=u_1(u_2^{-1}(x))$ 是 x 的凹函数。于是，由凹函数的定义有

$$f(u_2(x))\leqslant f(\bar{u}_2)+f'(\bar{u}_2)(u_2(x)-\bar{u}_2) \tag{6}$$

其中，

$$\bar{u}_2=\int u_2 r\mathrm{d}x \tag{7}$$

（6）式可以调整为

$$f(\bar{u}_2)-f(u_2(x))\geqslant -f'(\bar{u}_2)(u_2(x)-\bar{u}_2) \tag{8}$$

（8）式两端乘以 $r(x)$，再求积分得

$$\int\left[f(\bar{u}_2)-f(u_2(x))\right]r\mathrm{d}x\geqslant 0 \tag{9}$$

但是，（9）式和（4）式是相同的表达。因此，（2）式成立。证明完毕。

由这个命题可以直接得到，当一个市场的一个均衡中存在不确定性时，在这个市场中引入雇主风险厌恶将降低所有人的工资水平。即使没有有效的信号传递发生，这个结论也依然成立；当有信号传递发生时，雇主的风险厌恶还有可能改变信号传递均衡的结构。下面的这个例子虽然不是一个完全一般化的例子，但对我们理解这一问题却很有帮助，它是模型 4 连续形式的一个扩展。

符　号

$n=$ 生产力；

$y=$ 信号；

$\theta y=$ 信号传递成本；

(n,θ) 是联合正态分布，均值[①]为 $(\bar{n},\bar{\theta})$，方差—协方差矩阵是

$$\begin{bmatrix} \sigma_n^2 & \sigma_{\theta n} \\ \sigma_{\theta n} & \sigma_\theta^2 \end{bmatrix}$$

$-\mathrm{e}^{-\lambda n}=$ 雇主在 n 上的效用函数，一个常值绝对风险厌恶的效用函数，其中，参数 λ 表示风险厌恶；

$W(y)=$ 均衡提供工资。

[①]　这只是一个近似值。我们不想 n 或 θ 是负值。但是，正态性使这个例子易于分析。

命题 2：如果 X 是 $n(\mu, \sigma^2)$ 分布且 $u(x) = -e^{-\lambda x}$，那么对应于 X 的彩票的确定的等价货币（CME）为

$$\mu - \frac{\sigma^2 \lambda}{2} \tag{10}$$

证明：

$$-\int e^{-\lambda x} \frac{1}{\sqrt{2\pi}\sigma} e^{-\frac{1}{2\sigma^2}(x-\mu)^2} \, dx = -e^{-\lambda\left(\mu - \frac{\sigma^2 \lambda}{2}\right)} \tag{11}$$

所以彩票的 CME 是 $\mu - \dfrac{\sigma^2 \lambda}{2}$。证明完毕。

命题 3：给定 θ 时 n 的条件分布是正态的，均值为

$$\bar{n} + \frac{\sigma_{\theta n}}{\sigma_\theta^2}(\theta - \bar{\theta}) \tag{12}$$

方差为

$$\sigma_n^2 - \frac{\sigma_{\theta n}^2}{\sigma_\theta^2} > 0 \tag{13}$$

证明：见普拉特等（1965）。证明完毕。

命题 4：给定 θ 时 n 上的一个彩票对应的确定的等价货币是

$$\bar{n} + \frac{\sigma_{\theta n}}{\sigma_\theta^2}(\theta - \bar{\theta}) + \frac{\lambda}{2}\left(\sigma_n^2 - \frac{\sigma_{\theta n}^2}{\sigma_\theta^2}\right) \tag{14}$$

证明：由命题 2 和命题 3 直接可得。证明完毕。

命题 5：如果提供工资是 $W(y)$，那么给定 y，n 上的彩票对应的确定的等价货币是

$$\bar{n} + \frac{\sigma_{\theta n}}{\sigma_\theta^2}(W'(y) - \bar{\theta}) - \frac{\lambda}{2}\left(\sigma_n^2 - \frac{\sigma_{\theta n}^2}{\sigma_\theta^2}\right) \tag{15}$$

证明：如果提供工资是 $W(y)$，那么信号传递成本是 θy 的个体，会通过令

$$W'(y) = \theta \tag{16}$$

来最大化他的净收入。因此，给定 y，n 的条件分布是正态的，均值为

$$\bar{n} + \frac{\sigma_{\theta n}}{\sigma_\theta^2}(W'(y) - \bar{\theta}) \tag{17}$$

方差为

$$\sigma_n^2 - \frac{\sigma_{\theta n}^2}{\sigma_\theta^2} \tag{18}$$

由命题 4 直接得到要证明的结论。证明完毕。

命题 6：只有一个参数的均衡提供工资 $W(y)$ 由下面的微分方程

定义

$$W'(y) + AW(y) = B + \frac{\lambda}{2}\frac{\sigma_\theta^2}{\sigma_{\theta n}}\left(\sigma_n^2 - \frac{\sigma_{\theta n}^2}{\sigma_\theta^2}\right) \tag{19}$$

其中，

$$A = -\frac{\sigma_\theta^2}{\sigma_{\theta n}} > 0 \tag{20}$$

及如果 $\sigma_{n\theta} < 0$，那么

$$B = \bar{\theta} - \bar{n}\frac{\sigma_\theta^2}{\sigma_{\theta n}} > 0 \tag{21}$$

证明：在均衡状态下，提供工资 $W(y)$ 必须与给定 y 时 n 上的彩票对应的确定的等价货币相等。所以由命题 5 很容易就得到（19）式。但是，要想由 $W'(y) = \theta$ 得到最大的净收入，还需要 $W''(y) < 0$。而

$$W''(y) = -AW'(y)$$

所以，我们需要 $A > 0$ 和 $W'(y) > 0$ 来保证条件得到满足。并且 $A > 0$ 等价于 $\sigma_{\theta n} < 0$。而 $\sigma_{\theta n} < 0$ 意味着边际信号传递成本与生产力负相关。证明完毕。

命题 7：令

$$M = -\frac{1}{2}\frac{\sigma_\theta^2}{\sigma_{\theta n}}\left(\sigma_n^2 - \frac{\sigma_{\theta n}^2}{\sigma_\theta^2}\right) > 0 \tag{22}$$

则均衡提供工资为

$$W(y, K) = \frac{B - M\lambda}{A} - Ke^{-Ay} \tag{23}$$

其中，$K > 0$ 是任意常数。

证明：把（22）式代入（19）式，再求积分就得到（23）式。为了保证 $W'(y) > 0$，我们要求 $K > 0$。证明完毕。

如果 $\lambda = 0$，那么均衡提供工资为

$$W(y) = \frac{B}{A} - Ke^{-Ay} \tag{24}$$

于是，常值比例风险厌恶的影响只是把所有工资都减少了 $\frac{M\lambda}{A}$，这个影响效果既不取决于 n，也不取决于 θ，它是 λ 的线性函数，所以 λ 越高，工资减少得就越多。在这个例子中，给定 θ 时 y 的最优选择并不取决于 λ。这是因为 $W'(y)$ 不取决于 λ。这就是常值绝对风险厌恶的结果。

具有不可改变的特征 (n, θ) 的人们，得到的支付是

$$\bar{n} + \frac{\sigma_{\theta n}}{\sigma_\theta^2}(\theta - \bar{\theta}) - \frac{\lambda}{2}\left(\sigma_n^2 - \frac{\sigma_{\theta n}^2}{\sigma_\theta^2}\right) \tag{25}$$

因此，当

$$\bar{n}+\frac{\sigma_{\theta n}}{\sigma_{\theta}^2}(\theta-\bar{\theta})-\frac{\lambda}{2}\left(\sigma_n^2-\frac{\sigma_{\theta n}^2}{\sigma_{\theta}^2}\right)>n \tag{26}$$

时，工资超过了生产力。λ 越大，满足这一事实的人就越少（见图 C.1）。

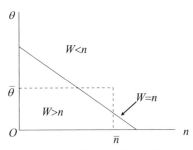

图 C.1 工资与生产力的关系

再次注意，市场中具有多个均衡，并且增加 K 只是增加了每个人对 y 的投资，并没有增加相应的个人收益或社会收益。因此，前面模型中具有的基本性质在这里再次出现。

一个自然凸现的问题是，风险厌恶型雇主是否被不那么风险厌恶型雇主驱逐出市场。不难看出，这种现象未必会发生。让我们来考虑两个雇主，他们分别具有效用函数 $-e^{-\lambda_1 n}$ 和 $-e^{-\lambda_2 n}$，$\lambda_1<\lambda_2$。那么需要确定，是否所有的工人都只为第一个雇主工作。如果当任意一家企业的就业水平下降时，工人的边际产出都升高，那么答案是不一定；但即使排除这种可能，答案依然是不一定。

为了理解这一点，需要注意到，工人在企业 i 工作的收益是

$$\bar{n}+\frac{\sigma_{\theta n}}{\sigma_{\theta}^2}(\theta-\bar{\theta})-\frac{\lambda_i}{2}\left(\sigma_n^2-\frac{\sigma_{\theta n}^2}{\sigma_{\theta}^2}\right)+\frac{\theta}{\lambda_i}\log\left(\frac{\theta}{K_i A}\right)$$

其中，最后一项代表信号传递成本。特别地，对 $i=1$，2，K_i 可能不同。因此，如果

$$\frac{\lambda_1}{2}C+\frac{\theta}{\lambda_1}\log\left(\frac{\theta}{K_1 A}\right)>\frac{\lambda_2}{2}C+\frac{\theta}{\lambda_2}\log\left(\frac{\theta}{K_2 A}\right) \tag{27}$$

其中，

$$C=\sigma_n^2-\frac{\sigma_{\theta n}^2}{\sigma_{\theta}^2}>0 \tag{28}$$

那么由 (n,θ) 来刻画的个体将会选择到企业 1 工作。显然，对于一个给定的 θ，如果 K_1 相对于 K_2 来说足够大，那么工人将会选择到企业 2

工作。而且，如果 $K_1 > K_2$，我们总能够找到一个足够大的 θ，使工人选择到企业 2 工作。一般地，风险厌恶差异不一定能排除风险厌恶更强的雇主。但是，风险厌恶更强的雇主会得到信号传递成本高的工人，并且由于信号传递成本与生产力负相关，所以一般来说，它将得到生产力低的工人。

附录 D　封闭经济中的均衡

在部分均衡模型中，存在多个均衡，并伴随一个因积分产生的任意常数 K。人们可能会问：在多市场框架下，通过市场之间资源配置过程中的一些相互作用，是否可以把这个常数确定下来？答案是否定的，这个常数不能确定。另外，用确定常数这种方法也无法消除多个均衡。本部分的目标是，通过一个封闭经济中的简单例子来证明这一事实，在这个封闭经济中有就业市场信号传递发生。

这个经济体有两个行业。一个行业用劳动力来生产一种消费品，另一个行业用劳动力来生产信号 y，我们可以把这个信号看作教育。在消费品行业有信号传递发生。生产力 n 在人口中依照 $g(n)$ 分布。市场中的总劳动力为

$$L = \int ng(n)\mathrm{d}n$$

劳动力在这两个行业间分配。于是，$L_C =$ 消费品行业雇用的劳动力，$L_E =$ 教育行业雇用的劳动力。消费品的生产函数为

$$C = L_C^a$$

教育的生产函数为

$$Y = L_E^b$$

一个基本生产力为 n 的人在这两个行业的边际产出分别为

$$aL_C{}^{a-1}n$$

和

$$bL_E{}^{b-1}n$$

人们在市场中挑选信号和行业。

这个人购买了 y 年的教育，由此产生的信号 s 取决于 y 和 n。假设

它们之间的关系是

$$s = ny$$

消费品行业的雇主考察信号 s，并推断个体的生产力 n。因此，消费品行业的提供工资取决于 s。

令 $f(s)$ 是消费品行业里给定 s 时对 n 的期望值。令 p 是 y 作为消费品时的价格。提供工资为

$$aL_C^{a-1} f(s)$$

信号传递成本为 py。于是，人们选择 y 来最大化他的净收入

$$aL_C^{a-1} f(ny) - py$$

这可以通过令

$$aL_C^{a-1} f'(s)\, n = p$$

来达到。

在均衡状态下，

$$f(s) \equiv n$$

所以，预测函数 $f(s)$ 的均衡由下述方程定义

$$aL_C^{a-1} f' f = p$$

对于给定的 p 和 L_C，我们解得

$$f(s) = \left(\frac{2pL_C}{a}\right)^{1/2} (s-K)^{1/2}$$

其中，K 是任意常数。

一个在消费品行业工作、生产力为 n 的个体会取

$$y(n) = \frac{aL_C^{a-1}}{2p} n + \frac{K}{n}$$

其去掉信号传递成本后的净收入为

$$u(n) = \frac{aL_C^{a-1}}{2} n - \frac{Kp}{n}$$

这些表达式可以用均衡预测函数

$$f(s) = \left(\frac{2pL_C}{a}\right)^{1/2} (s-K)^{1/2}$$

很容易地算出来。

在教育行业工作、生产力为 n 的个体不会传递信号，因为他的边际产出被假设为是已知的。因此，他的工资就是去掉信号传递成本后的净收入

$$pbL_E^{b-1} n$$

市场必须把不同类型的工人安排到不同的行业去。另外，劳动力市

场、教育市场、消费品市场必须界定清楚。

如果

$$\frac{aL_C^{a-1}}{2}n - \frac{Kp}{n} \geqslant pbL_E^{b-1}n$$

那么生产力为 n 的个体将会选择到消费品行业工作。令

$$\phi_C = \left\{ n \,\Big|\, \frac{aL_C^{a-1}}{2}n - \frac{Kp}{n} \geqslant pbL_E^{b-1}n \right\}$$

集合 ϕ_C 是选择到消费品行业工作的工人集合，其他人在教育行业工作。显然有

$$L_C = \int_{\phi_C} ng(n)\mathrm{d}n$$

和

$$L_E = L - L_C$$

注意，市场现在对教育的需求为

$$\int_{\phi_C} y(n)g(n)\mathrm{d}n = \frac{aL_C^{a-1}}{2p}\int_{\phi_C} ng(n) + K\int_{\phi_C}\frac{1}{n}g(n)\mathrm{d}n$$

$$= \frac{aL_C^a}{2p} + K\int_{\phi_C}\frac{g(n)}{n}\mathrm{d}n$$

在均衡状态下，它必须与供给 L_E^b 相等。

给定就业市场和教育市场的出清条件，那么第四个、也是最后一个市场，即消费品市场，由瓦尔拉斯定律（Walras' Law）可知，也自动出清。

概括起来，这个模型中的均衡由下述关系式来定义。

总就业劳动力为

$$(1)\ L_C + L_E = L = \int ng(n)\mathrm{d}n$$

L_C 的定义为

$$(2)\ L_C = \int_{\phi_C} ng(n)\mathrm{d}n$$

就业市场的选择为

$$(3)\ \phi_C = \left\{ n \,\Big|\, \frac{aL_C^{a-1}}{2}n - \frac{Kp}{n} \geqslant pbL_E^{b-1}n \right\}$$

教育市场出清为

$$(4)\ L_E^b = \frac{aL_C^{a-1}}{2p} + K\int_{\phi_C}\frac{1}{n}g(n)\mathrm{d}n$$

用这四个关系式，可能解出 L_C、L_E、p 和集合 ϕ_C。但没有条件能

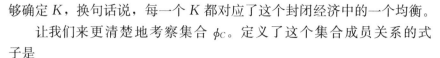

够确定 K，换句话说，每一个 K 都对应了这个封闭经济中的一个均衡。

让我们来更清楚地考察集合 ϕ_C。定义了这个集合成员关系的式子是

$$\left(\frac{aL_C^{a-1}}{2} - pbL_E^{b-1}\right)n^2 \geqslant Kp$$

而对于给定的 p，令 n^2 的系数为

$$M(L_C) = \frac{aL_C^{a-1}}{2} - pbL_E^{b-1}$$

这个系数是 L_C 的一个连续的、单调递减的函数。当 $L_C=0$ 时，$M(0) = +\infty$；当 $L_C=L$ 时，$M(L) = -\infty$。因此，这个函数的图像会穿过横轴一次。在此基础上，人们可以定性地确定均衡状态下劳动力的分配模式。下面的式子定义了集合 ϕ_C，

$$M(L_C)n^2 \geqslant Kp$$

因此，如果 K 是正的，那么 ϕ_C 就是一个空集，除非 $M>0$。但在均衡状态下，ϕ_C 不会是空集，因为如果它是空集，那么消费品行业中个体的边际产出将是 $+\infty$，而这是不可能的。因此，如果 $K>0$，那么 $M(L_C)>0$，并且消费品行业中的工人满足下述关系

$$n \geqslant \sqrt{\frac{Kp}{M(L_C)}}$$

反之，如果 $K<0$，那么 $M(L_C)$ 一定是负的，并且

$$\phi_C = \left\{n \mid n \leqslant \sqrt{\frac{Kp}{-M(L_C)}}\right\}$$

注意，K 的符号决定了高生产力工人是在消费品行业工作，还是在教育行业工作。如果 K 的符号变了，那么工作岗位与工人的配置模式会彻底改变。

下面需要讨论 $K=0$ 这个特殊情况。如果 $K=0$，那么很容易看出，必须是 $M(L_C)=0$。在这种情况下，这两个行业对所有工人来说都是没有区别的。因此，劳动力在这两个行业间的分配很大程度上是随机的。唯一需要满足的条件是，在均衡状态下，$M(L_C)=0$。

表 D.1 展示了不同的 K 值对应的不同的均衡布局。假设 n 在区间 $(1, L-1)$ 上均匀分布，就可以计算出表中的数值。换句话说，也就是

$$g(n) = \frac{1}{L-2}, \quad n \in (1, L-1)$$
$$= 0, \quad \text{其他情况}$$

信号传递均衡的大部分有关特征在表 D.1 中显示得很清楚。

表 D.1 模型的均衡布局

系统参数				变量的均衡值*					
a	b	L	K	L_1	L_2	p	X	U	A_1
1	1	10	7	4.88	5.12	0.481 8	13.60	13.60	$n \geqslant X$
1	1	10	3	4.95	5.05	0.491 9	13.52	13.52	$n \geqslant X$
1	1	10	1	4.98	5.02	0.497 2	13.48	13.48	$n \geqslant X$
1	1	10	-1	5.05	4.95	0.502 7	13.52	13.52	$n \leqslant X$
1	1	10	-3	5.14	4.86	0.508 2	13.64	13.64	$n \leqslant X$
1	1	10	-7	5.32	4.68	0.518 9	13.88	13.88	$n \leqslant X$
0.9	0.9	10	7	5.10	4.90	0.473 7	13.31	10.23	$n \geqslant X$
0.9	0.9	10	3	5.19	4.81	0.485 3	13.20	10.15	$n \geqslant X$
0.9	0.9	10	1	5.24	4.76	0.491 5	13.13	10.11	$n \geqslant X$
0.9	0.9	10	-1	5.32	4.68	0.497 0	13.88	10.70	$n \leqslant X$
0.9	0.9	10	-3	5.43	4.57	0.501 4	14.02	10.84	$n \leqslant X$
0.9	0.9	10	-7	5.65	4.35	0.509 6	14.30	11.11	$n \leqslant X$

* 定义 X 为 n 对应的价值，在这个价值处，两个行业对人们来说是无差异的。U 是这些个体的均衡消费水平（用 y 表达），对这些个体来说 $n=X$。

这个模型有连续的均衡布局，取决于参数 K 的任意值。因为升高 K 使第一个行业的吸引力相对减小，所以随着 K 升高，L_1 下降，而 L_2 上升。类似地，随着 K 升高，因为对信号的需求相对于供给来说减小了，所以就消费品而言的信号价格 p 下降。对于正的 K，那些高水平 n 的工人在消费品行业工作，而那些低水平 n 的工人则去生产 y。当 K 是负值时，结论正好相反。对于那些在消费品行业工作的工人，增加 K 的值对低水平 n 的工人的损害（绝对地并相对地）大于对高水平 n 的工人的损害。因此，毫不奇怪，随着 K 升高，低水平 n 的工人将被驱逐出消费品行业。

于是，简要地考虑一下 K 的变化对社会福利的影响是很有益的。正如我们在劳动力市场信号传递的部分均衡模型中所看到的，降低 K 改善了在第一个行业中工作的许多人的福利。那些在这一行业中留下来的人的福利得到了提高，那些离开这一行业的人的福利也得到了改善，因为他们在第二个行业中的福利得到了提高。而且，随着 K 下降，价格 p 上升，L_2 下降，因此那些待在第二个行业中的人的边际收益产出升高。所以，他们的收益得到了提高。如果他们离开第二个行业，这本身就意味着他们收益的提高。因此，如果 $K_1 < K_2$，K_1 对应的均衡布局帕累托优于 K_2 对应的均衡布局。这里应该强调一下，这一特点可能是这一模型的一个特殊性质，但不是信号传递均衡的一个一般特点。而

实际情况是，因为 y 是没有效益的，或者更确切地说，在 y 是没有效益的任何一个模型中，把资源从无效益行业中撤走的均衡布局变化，增加了总的可用产品，并因此使对该产品的重新分配总会使所有人的收益都得到改善。

通过类似的例子，可能证明在下列情形下存在多个均衡：

（1）信号是用消费品生产的，而不是用劳动力生产的；

（2）信号传递没有使用物质资源，只是使用精神资源；

（3）在每一个行业工作的劳动力都是完全独立的，因此不可能存在替代效应；

（4）在两个行业中都存在信号传递；

（5）有两个显著不同的群体，由可以观察到的不可改变的特征划分出来。

在这些情况中，最后一个最为有趣，因为它在显著不同群体的不同信号传递均衡布局差异上直接具有歧视层面。下面这个模型清晰地刻画了这一情况。

这个模型与前面那个模型具有完全相同的一般结构。唯一不同的是，在这个模型中，基于一个可以观察到的、不可改变的特征，把劳动力划分成两组，分别用组1和组2来表示。每一组在均衡状态下被分为两部分，一部分去消费品行业工作，另一部分去生产 y。这两个行业分别用 a 和 b 表示。

符　号

L＝总劳动力；

L_i＝第 i 组劳动力的总供给，i＝1，2；

L_x＝行业 x 中的总劳动力，x＝a，b；

L_{ix}＝行业 x 中第 i 组的劳动力数量；

$g_i(n)$＝特征 n 在第 i 组中的分布；

A_{ix}＝在行业 x 中工作的第 i 组的具有特征 n 的工人集合，i＝1，2，x＝a，b；

$f_x(L_x)$＝行业 x 的生产函数，x＝a，b。

对上面定义的这些变量，有如下关系式成立：

$$\sum_{i,x} L_{ix} = L \tag{1}$$

$$\sum_{x} L_{ix} = L_i \tag{2}$$

$$\sum_i L_{ix} = L_x \tag{3}$$

经济体的信号传递结构与之前的相同。雇主收到的信号 s 是 n 和 y 的函数

$$s = ny \tag{4}$$

信号传递只发生在消费品行业 $x=a$ 中。在均衡状态下，这两组工人发出的信号可以被那个行业中的雇主进行不同但准确的解释。雇主对第 i 组中具有信号 s 的工人的均衡反应，以支付的工资来衡量，是

$$f_a'(L_a) \ T(s) \tag{5}$$

其中，对第 i 组的信号 s 的均衡预测点是

$$T(s) = \left(\frac{2p}{f_a'(L_a)}\right)^{1/2} (s - K_i)^{1/2} \tag{6}$$

下面需要检验，由积分产生的常数 K_i，是否可以在一个均衡中确定下来。但是，正如前面所讨论的，这些常数在这个特殊的市场中并不确定，所以 K_1 不必等于 K_2。

这里对均衡的讨论在很大程度上与前面模型中的相同，所以只做简要概述。在接下来的部分，假设

$$f_x(L_x) = L_x^x, \ x = a, \ b \tag{7}$$

直接计算表明，在行业 a 中工作、具有特征 n 的第 i 组的一个工人，他的去掉信号传递成本后的净收入或消费水平等于

$$u_{ia}(n) = \left(\frac{aL_a^{a-1}}{2}\right)n - \frac{K_i p}{n} \tag{8}$$

而行业 b 中的每一类工人可以消费的工资水平是（因为这个行业中没有信号传递）

$$u_{ib}(n) = bL_b^{b-1}n, \ i = 1, \ 2 \tag{9}$$

第 i 组的人中选择到行业 a 工作的工人集合为

$$A_{ia} = \{n \mid u_{ia}(n) \geqslant u_{ib}(n)\}, \ i = 1, \ 2 \tag{10}$$

由定义得，数量 L_{ia} 由下式给出

$$L_{ia} = \int_{A_{ia}} ng_i(n)dn, \ i = 1, \ 2 \tag{11}$$

均衡系统分析到此几乎完成了。剩下来只需要检验市场出清条件是否满足，而这一点可以通过调整相对价格 p 达到。即

$$L_b^b = \frac{aL_a^a}{2p} + K_1 \int_{A_{1a}} \frac{g_1(n)}{n}dn + K_2 \int_{A_{2a}} \frac{g_2(n)}{n}dn \tag{12}$$

事实上，（10）式、（11）式和（12）式确定了 L_{ia} 和 A_{ia}，$i = 1, \ 2$，以

及价格 p。所有其他的数量由（1）式、（2）式和（3）式确定。K_1 和 K_2 在这个均衡系统中都没有确定下来，但它们的确影响了经济体的均衡布局，我们很快会看到这一点。

这个模型的均衡性质，如均衡布局表表 D.2 所示。

表 D.2 　　　　　　　　　　　　两个群体模型可能的均衡布局

K_1	K_2	M	A_{1a}	A_{2a}	A_{1b}	A_{2b}
+	+	+	$n \geqslant X_1$	$n \geqslant X_2$	$n \leqslant X_1$	$n \leqslant X_2$
+	−	−	空集	$n \geqslant X_2$	L_1	$n \leqslant X_2$
+	−	+	$n \geqslant X_1$	L_2	$n \leqslant X_1$	空集
−	+	−	$n \leqslant X_1$	空集	$n \geqslant X_1$	L_2
−	+	+	L_1	$n \geqslant X_2$	空集	$n \leqslant X_2$
−			$n \leqslant X_1$	$n \leqslant X_2$	$n \geqslant X_1$	$n \geqslant X_2$

为了便于计算，假设每一组在区间 $(1, 2L_i - 1)$ 上的分布都是均衡的，$i = 1, 2$。还有以下值得注意的方面。

（1）伴随参数 K_1 和 K_2 分别有两组无穷多个均衡。

（2）当 $K_i > 0$ 时，集合 A_{ia} 由下述式子确定

$$n \geqslant X_i$$

当 $K_i < 0$ 时，对应的不等号相反。因此，在每一个行业中，有可能将一组中高生产力 n 的人与另一组中低生产力 n 的人混合起来。

（3）K_i 越低，第 i 组的福利在整体上就越好。因此，从均衡的角度来看，K_i 值的任意差异都可能引起我们称为歧视的情况出现。

（4）但是，这个模型中没有工资歧视。由于在任意一个行业中，无论一个人属于哪一组，他收到的工资与他的生产力 n 成比例。所以 K_i 值高的那些人的收益受到损害，不过他们发现，在消费品行业工作收益会提高，在这一行业，假设有信号传递发生。如果在生产力 n 的取值范围内，另一组中具有可比性的那一部分人并没有在同一行业中工作，那么就很难做出引起歧视的对比。

（5）把 K_i 升到足够大，很有可能把第 i 组从消费品行业中排除出去。于是，用这样的方式，基于雇主在被排斥出的那一组和其他组上的期望差异，这个模型会产生职业排斥。这些期望与信号对不同组的意义有关。

（6）这个模型与前一个模型相比有一个重要的不同之处。假设 $K_1 > 0$，$K_2 < 0$，那么

$$M = \frac{aL_a^{a-1}}{2p} - bL_b^{b-1} \tag{13}$$

要么是负的，要么是非负的。集合 A_{ia} 由下述不等式确定

$$Mn^2 \geqslant K_i, \quad i = 1, 2 \tag{14}$$

假设 $M < 0$，那么集合 A_{ia} 是空集，并且第一组没有在消费品行业中工作。另外，如果 $M > 0$，那么

$$Mn^2 \geqslant K_2 \tag{15}$$

对所有的 n 都成立，于是第二组的所有人都在第一个行业中工作，在第二个行业 y 中找不到一个第二组的人。因此，只要 K_1 和 K_2 的符号相反，那么至少有一组不会在一个行业中工作。而哪一组没有在哪一行业中工作，取决于 K_1 和 K_2 的符号及大小（见表 D.2）。

因此，将这两组工人分配到这两个行业，分配结果显然有多种可能。然而，这个模型并不会趋向任何一对特定的市场，我认为，它显示了在市场配置程序中信号传递现象有相当大的潜在影响力。

附录E 市场信号传递中的分配效率、总效率和分布考虑[①]

在许多信号传递均衡中，信息确实传递到了信号接收者那里。由于竞争的原因，这样的信号将会由市场中潜在的雇主来处理。而工资级差反映出雇主关注这些信号。市场信号传递均衡有多个，有一些均衡帕累托劣于另一些。在这里运用帕累托标准，是基于在不改变信号传递系统的信息内容的前提下，可以降低在信号上的投资水平这一事实。于是，可以得出这样的结论：有些信号传递均衡的效率可能较低。与完全信息假设背景相比，我们的模型存在对教育的过度投资现象。这种状况由下述事实引起：投资教育（或任何其他的信号）的个人收益超过了它在一个均衡中的直接产出。

关于"是否有一些信号传递均衡的效率低"这个问题已经有了肯定的回答。但"是否所有有信号传递发生的均衡都是低效率的"这个问题还没有答案。为了回答第二个问题，必须承认包含在信号中的信息是有效益的。至此，我们的分析一直局限在"雇主利用这些信号来决定他要提供的工资"这一情形中。在这样的情形中，包含在信号中的信息是无效益的。但是，如果雇主利用这些信号来决定他要提供的工资和提供的工作岗位，那么这个信号包含的信息内容可能有助于雇主把这个求职者分配到能够最大地发挥他的工作能力的岗位上去。因此，信息可以是有

---

① 我写这一部分，在很大程度上是为了回应兹维·格里利切斯（Zvi Griliches）和乔治·斯蒂格勒（George Stigler）提出的建议和问题，我很感谢他们。另外，我们分析的结果是，信号传递可能值得研究，也可能不值得研究，这个结果很粗略，所以我把相应的分析放在了附录部分。

效益的，从而引导人们提出下一个问题："雇主提高把工人分配到合适的岗位上去的能力所带来的生产力提高，是总是解释了信号传递系统中资源的损耗，还是一般地解释了，还是从未解释？"这是本附录关注的效率问题的一个扩展。这个问题换一种方式来说就是："应该抑制信号传递系统，还是不抑制？这个问题的答案取决于什么因素？"[1] 如果在不完全信息假设下不能明确承认有可能会把工人分配到"错误的岗位"，那么任何信号传递都是低效率的。它的功能仅仅是重新分配功能。在这样的情况下，消除信号传递活动只是通过扩大生产力被平均化的集合，单纯地减少了工资级差而已。

认真思考之后就会清楚地发现，就产出而言，处在一个均衡状态下的信号所包含的信息内容可以影响分配效率。因此，一个信号传递系统是否为有效率的，取决于下面两个量的相对大小：（1）信号传递成本；（2）在信息不太完全的基础上，因错误分配劳动力而损失的生产力。在本附录中，我会继续使用简单的数值算例和代数例子来阐述观点。遗憾的是，在这些例子中，我不可避免地使用到了一些稍微复杂的符号。读者需要容忍我来做一些有限的、枯燥的细节分析。

模型的元素

到目前为止，假设市场上有两种类型的人和一个雇主。教育是信号，用一个连续的数量指标来衡量，并被认为是无效益的。另外，还有两种不同类型的工作。每一组（第1组和第2组）在每一种工作上都有一个生产力。生产力暂时取作常数。[2] 第 i 组的一个成员在工作 j 上的生产力用 f_{ij} 表示。

在图 E.1 中，第1组的教育成本为 a_1y，第2组的为 a_2y，为了便

	第1组	第2组
工作1	f_{11}	f_{21}
工作2	f_{12}	f_{22}
教育成本	a_1y	a_2y

图 E.1　生产力和教育成本数据

---

[1]　显然，当用完全信息情形标准衡量时，任意信号传递都是低效率的。但完全信息情形并不是一个有趣的标准。另一个可能的标准是具有信息缺口、没有信号传递的情形。这个标准更有趣，因为它是可以实现的（比如，通过大幅增加信号传递成本），并且是我要在这里使用的标准。

[2]　我们不需要对概念进行根本的调整，来允许可变的边际产出。

于阐述，两个成本函数都设定成了线性形式。

用 $w_j(y)$ 表示工作 j 的提供工资，$j=1$，2。注意，这里有两个提供工资函数（与前面的那些模型相比），它们依赖于可以连续调整的、可以观察到的教育信号 y。最后，第 1 组在人口中的比例为 q_1，第 2 组的比例为 $q_2=1-q_1$。很幸运，这些就是我们需要使用的所有符号。

一些假设

到目前为止，这两个群体在模型中是对称的。现在，通过约定它们的边际产出之间存在某些关系，把它们区分开来。约定很粗略，遵循前面的惯例，规定第 2 组是低信号传递成本、高生产力的群体。有一个关于高生产力所指的意义的问题，稍后会解决。

假 设

（1）信号传递成本。

假设 $a_2 < a_1$，第 2 组信号的边际成本低。

（2）生产力。

（ⅰ）$f_{22} > f_{21}$；

（ⅱ）$f_{22} > f_{11}$；

（ⅲ）$f_{11} > f_{12}$。

对这以上假设逐个做一解释。关系（ⅰ）表明，第 2 组在工作 2 上的产出高于在工作 1 上的产出。换句话说，如果生产效率是雇主追求的目标，那么他们应该被分配到工作 2。关系（ⅲ）表明，对第 1 组来说情况刚好相反：他们应该被分配到工作 1。关系（ⅱ）表明，第 2 组在他们最好的工作岗位上的生产效率，比第 1 组在他们最好的工作岗位上的生产效率要高。读者可以把工作 2 解读为技术性工作，而工作 1 是相对低技术性的工作。

用大家稍微熟悉的语言来解释就是，第 i 组在工作 i 上具有相对优势，$i=1$，2。另外，条件（ⅱ）和（ⅲ）结合起来表明，第 2 组对工作 2 具有绝对优势。谁对工作 1 具有绝对优势很重要，但在目前还不确定。人们有权提出为什么要设定这样一组特殊的假设的疑问。答案相对简单明了。如果这两组工人在相同工作上都是最有效率的，那么根本就不会出现效率问题。我们可以回到前面的模型中，来理解信号传递的影响。

第二个假设规定 $f_{22} > f_{11}$，这是信号传递发生的一个前提条件。因此，如同对信号传递成本所做的假设一样，最好把它看作信号传递的一个前提条件。确实，很快会出现一个先决条件。

无信号传递情况

在无信号传递的情况下（这一点可以通过法令达到，也可以作为一个均衡状态自然地达到），从就业群体中随机挑选出一个个体，他的生产力的期望值将是

$q_1 f_{11} + q_2 f_{21}$，如果他在做工作 1

$q_1 f_{12} + q_2 f_{22}$，如果他在做工作 2

一开始时，把员工最优化地分配到工作岗位的雇主，会把员工分配到他们具有最高期望边际产出的工作去。那么每个人的工资都是相同的，是

$$\max(q_1 f_{11} + q_2 f_{21}, \; q_1 f_{12} + q_2 f_{22})$$

并且每个人都去做相同的工作。这样做有一个明显的效率损失问题，因为在缺少更有用的信息的情况下，总有一组被系统地分配到了错误的工作上去。于是，这成了比较各种信号传递均衡的标准。注意，在完全信息情况下，每一个工人的平均产出将是

$$q_1 f_{11} + q_2 f_{22}$$

这比上面的那个数量高。在只有一个雇主的模型中，信号传递总是要么提高了工作分配程序的生产效率，要么使它保持不变。于是，我们要考虑的主要问题就是：因传递信号获得的效率是否超过了信号传递的成本。另一个要考虑的主要问题是关于信号传递的分布效果。我希望能够证明，效率与信号传递成本间的关系充其量是微不足道的。

一个信号传递均衡

由前面的分析我们猜测，信号 y 将会用于确认第 2 组成员，并且这些被确认的成员会被分配到工作 2 中去，这一猜测似乎合乎情理。而剩下来的人员会被分配到工作 1 中去。更具体地说，我们猜测雇主理念具有如下形式：

如果 $y < \bar{y}$，那么这个人属于第 1 组的概率为 1；

如果 $y \geqslant \bar{y}$，那么这个人属于第 2 组的概率为 1。

鉴于这些期望理念，雇主愿意把传递信号 y 的人分配到工作 2，把传递信号 $y=0$ 的人分配到工作 1。于是，一个在若干方面都与我们有关的问题是：这样的工作分配是如何发生的。因为这个求职个体可能会拒绝接受分配给他的工作，或者他至少是偏好另一个工作的，这种情况有可

能存在。所以，我暂时假设雇主有这样的自由分配权：如果这个求职个体拒绝了雇主分配给他的工作，那么雇主要么拒绝雇用他，要么分配其他的工作给他但支付的工资为零。[①] 每一种工作的提供工资如图 E.2 所示。雇主支付给工人的工资，是他们在所分配工作上的期望边际产出。

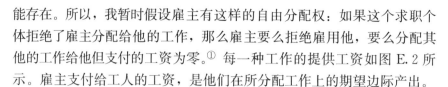

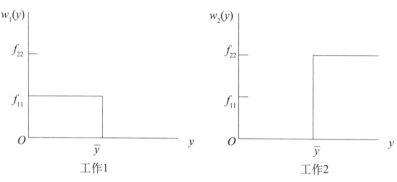

图 E.2 提供工资

如果一个人传递出的信号是 $y < \bar{y}$，那么按照雇主目前的预期，他是属于第 1 组的。他在工作 1 上的期望产出是 f_{11}，在工作 2 上的期望产出是 f_{12}。为了提高生产效率，如果雇主想要把他分配到工作 1 的话，

---

① 在我们考虑的这个模型中，要求雇主支付给雇员的工资为雇员在他们所分配的工作中的期望边际产出，而那些他们没有被分配到的工作对他们来说隐含的支付工资为零。这代表我们偏离了如下假设：竞争压力迫使所有工作的支付工资都是工人的期望边际产出。因此，人们很想知道，雇主这样分配工作给雇员是否与完全竞争的假设相一致。我在这里简要地证明，它们是一致的。

特别地，容易证明下述关系刻画了一个均衡。

如果 $y < \bar{y}$，那工作 1 的提供工资为 f_{11}，工作 2 的提供工资为 f_{12}。

如果 $y \geqslant \bar{y}$，那工作 1 的提供工资为 f_{21}，工作 2 的提供工资为 f_{22}。

第 1 组的人理性地选择工作 1，而第 2 组则选择工作 2。$y \geqslant \bar{y}$ 要满足的必要条件如下：

第 1 组：

$$f_{11} > f_{21} - a_1 \bar{y}$$
$$f_{11} > f_{12}，且$$
$$f_{11} > f_{22} - a_1 \bar{y}$$

第 2 组：

$$f_{22} - a_2 \bar{y} > f_{11}$$
$$f_{22} - a_2 \bar{y} > f_{21} - a_2 \bar{y}，且$$
$$f_{22} > f_{12}$$

在 $f_{22} > f_{21}$ 和 $f_{22} > f_{11} > f_{12}$ 假设下，仔细检查这些条件给出：y 原来要满足的条件，即

$$\frac{f_{22} - f_{11}}{a_2} > y > \frac{f_{22} - f_{11}}{a_1}$$

在这里依然是充分的。所以，我们一直使用的雇主分配工作的假设没有违背竞争压力的假设。

这些信息雇主应该知道。但是，为了保证工作分配是正确的，对于 $y<\bar{y}$，他在工作 2 上的提供工资是零，而不是 f_{12}。

核实每一组的成员都通过选择雇主期望他们选择的信号来最优化他们的收益，这样就确保了均衡的存在。把每一组的信号传递成本函数添加到图 E.2 上，就可以看出两组工人的最优信号选择。但是，如果我们把两个提供工资函数整合为一个，就更容易看出工人的最优选择，如图 E.3 所示。

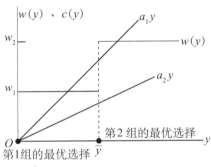

图 E.3　信号传递选择

由图 E.3 可以清楚地看出，第 1 组成员选择信号水平 $y=0$、接受工作 1，并且，如果

$$f_{11}>f_{22}-a_1\bar{y}$$

那么他们的支付工资为 f_{11}。第 2 组成员选择 $y=\bar{y}$、接受工作 2，并且，如果

$$f_{22}-a_2\bar{y}>f_{11}$$

那么他们的支付工资为 f_{22}。因此，如果

$$\frac{1}{a_2}(f_{22}-f_{11})>\bar{y}>\frac{1}{a_1}(f_{22}-f_{11})$$

那么分界点 $\bar{y}$ 会维持均衡状态。如果规定 $\bar{y}$ 必须是非负的，那么容易看出，$a_2<a_1$ 和 $f_{22}>f_{11}$ 是这种均衡中发生信号传递的必要条件，这正是之前的假设条件。与那些更为简单的模型一样，这个模型中也有多个均衡。对于信号传递参数 $\bar{y}$，有一个可接受的取值范围。那些在前面模型中得到的性质，在这里依然适用。但是，鉴于稍微低效率的信号传递均衡可能比完全没有信号传递要好这个简单的原因，各种各样不等价的均衡福利使有关效率问题的讨论稍微复杂，但更低效率的信号传递均衡就比没有信号传递糟糕，在这种情况下，一切都不确定。

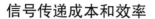

信号传递成本和效率

这里要考虑的核心问题是，"是有信号传递使我们的生活更好，还是没有信号传递更好，以及是在什么意义上的更好"。

在上面描述的情况下，信号传递提高了生产效率，同时，总产量和总的工资收入也都得到提高。因此，信息是有效益的。但是传递信息需要付出一些东西，传递成本以分散的方式由市场中的个体承担。尽管均衡是多种多样的，但是关于信号传递的总（与生产相比）效率和分布，还有一些方面需要讨论。

情况 1

假设在没有信号传递的情况下，所有人都被分配到工作 1。用我们前面的符号来表达就是，如果

$$q_1 f_{11} + q_2 f_{21} > q_1 f_{12} + q_2 f_{22}$$

那么这种情况就会发生。如果引入信号传递，那么就会把第 2 组工人分配到工作 2 去，从而使平均生产力达到

$$q_1 f_{11} + q_2 f_{22}$$

或者，使平均生产力提高了

$$q_2(f_{22} - f_{21})$$

平均而言，信号传递成本介于 0 和 $q_2 a_2 \bar{y}$。如果

$$q_2(f_{22} - f_{21}) - q_2 a_2 \bar{y} > 0$$

那么总效率会提高。这给出了第一个结论。

命题 1： 在没有信号传递的情况下，如果每个人都被分配到工作 1，并且第 1 组工人在工作 1 上具有绝对优势（$f_{21} < f_{11}$），那么

（i）第 1 组总是从信号传递中获益；

（ii）第 2 组总是从信号传递中获益；

（iii）有信号传递比没有信号传递更有效。

证明： 只需要证明（i）和（ii）成立就足够了，因为由（i）和（ii）可以推出（iii）。由假设条件 $f_{11} > f_{21}$ 和 $q_2 \neq 0$ 得

$$f_{11} > q_1 f_{11} + q_2 f_{21}$$

所以第 1 组的收益提高。为了证明第 2 组总是获益，只要证明第 2 组的成员在最差的信号传递均衡中获益就足够了。当 $\bar{y}$ 接近 $\frac{1}{a_2}(f_{22} - f_{11})$ 时，产生最差的信号传递均衡。在这种情况下，去掉信号传递成本后的净收入是

$$f_{22}-a_2 \cdot \frac{1}{a_2}(f_{22}-f_{11})=f_{11}$$

因此，如果 $f_{11}>f_{21}$，那么去掉信号传递成本后的净收入就是 f_{11}，这比没有信号传递时的工资要高。证明完毕。

概括地说，如果每一组在他们各自的工作上都有一个绝对优势，那么信号传递对所有个体都有益，并且帕累托占优于无信号传递的情况。当然，由于信号包含的信息内容保持不变，模型中有一连串的信号传递均衡，可以按照帕累托标准排序。

当 $f_{21}>f_{11}$ 时，有一些结论的部分内容可以颠倒过来，于是第 2 组在两个工作上都具有绝对优势。

命题 2：在没有信号传递的情况下，如果每个人都被分配到工作 1，并且 $f_{21}>f_{11}$，那么

（ⅰ）信号传递会损害第 1 组的利益；

（ⅱ）第 2 组的利益会受到损害。

证明：因为

$$f_{11}<q_1 f_{11}+q_2 f_{21}$$

所以第 1 组受到了损害。如果市场达到了最差的信号传递均衡，那么第 2 组成员去掉信号传递成本的净收入也是 f_{11}，所以也受到了损害。另外，如果市场达到了最好的信号传递均衡（即，y 达到最小），那么去掉信号传递成本后的平均产量是

$$q_1 f_{11}+q_2 \left[f_{22}-\frac{a_2}{a_1}(f_{22}-f_{11}) \right]$$

如果

$$\left(1-\frac{a_2}{a_1}\right)f_{22}-f_{21}+\frac{a_2}{a_1}f_{11}>0$$

那么这个平均产量超过了没有信号传递时的平均产量（工资）。容易看出，当 $f_{21} \rightarrow f_{22}$ 时，上述条件不再成立。而在另一个极限处，即当 $f_{21} \rightarrow f_{11}$ 时，上式的左端成为

$$\left(1-\frac{a_2}{a_1}\right)(f_{22}-f_{11})>0$$

证明完毕。

所以，在这种情况下，信号传递是否能够提高净生产力，依赖于第 2 组在工作 1 上绝对优势的大小。绝对优势越大，信号传递对第 2 组和对总体的作用就可能越小。有些信号传递均衡对两组的收益都有损害，因此，当 $f_{21}>f_{11}$ 时，总效率也受到损害。

使信号传递对第 2 组来说"有益"的 $\bar{y}$ 的水平（如果这样的一个水平确实存在的话），高于使信号传递相对于无信号传递开始变得有效的那个 $\bar{y}$ 的水平。因此，尽管在总体上而言信号传递的效率较低，但第 2 组很可能会"投票"赞成信号传递。换句话说，当第 2 组获益时，可能会发生信号传递，但系统的总体效率低。

情况 2

让我们简要地考虑另一种情况：在没有信号传递发生的情况下，理性的雇主会把所有人都分配到工作 2。在没有信号传递时，每一个人的工资都是

$$q_1 f_{12} + q_2 f_{22}$$

在这种情况下，不可能给出一个简单的假设条件，在这个条件下信号传递是有效的。人们能做的只是把可能的收益、损失讲述给这两组成员。

命题 3：如果信号传递对第 1 组有益，那么它也总是对第 2 组有益，因此信号传递是有益的。

证明：如果

$$f_{11} > q_1 f_{12} + q_2 f_{22}$$

那么信号传递对第 1 组有益。而 $q_2 = 1 - q_1$，于是上式可以表达为

$$\frac{f_{22} - f_{12}}{f_{22} - f_{11}} > \frac{1}{q_1}$$

对第 2 组来说，用去掉信号传递成本后的收益减无信号传递时的收益得

$$f_{22} - a_2 \bar{y} - q_1 f_{12} - q_2 f_{22}$$

这个表达式可以调整为

$$q_1 (f_{22} - f_{12}) - a_2 \bar{y}$$

当 $\bar{y}$ 达到最大值

$$\bar{y} = \frac{1}{a_2} (f_{22} - f_{11})$$

时，市场处于最差的信号传递均衡。把 $\bar{y}$ 的最大值代入上一个式子，则第 2 组去掉信号传递成本后的净收益为

$$q_1 (f_{22} - f_{12}) - (f_{22} - f_{11})$$

因此，如果这个值大于零，那么第 2 组的收益得到了改善，即

$$\frac{f_{22} - f_{12}}{f_{22} - f_{11}} > \frac{1}{q_1}$$

但如果第 1 组的收益得到改善，这个式子成立，所以第 2 组也获得了收益的改善。证明完毕。

换种表达来说就是，如果能够确定信号传递对第 1 组有益，那么信号传递对所有人都有益。相对来说，如果信号传递对第 1 组有害，那么最差的信号传递均衡会对第 2 组有害，这一点比较容易理解。而这意味着，如果第 1 组受到了损害，那么最差信号传递均衡的效率低。但是，第 2 组在最好的均衡点或其附近可能获益。而第 2 组在最好的均衡点获益的条件是

$$\frac{f_{22}-f_{12}}{f_{22}-f_{11}} > \frac{1}{q_1}\left(q_1 + q_2\,\frac{a_2}{a_1}\right)$$

上式右端小于 $1/q_1$。于是，即使当第 1 组受损害时，也有可能存在有效的信号传递均衡。

去掉工资上的期望约束

到目前为止，对于具有相同的可以观察到的相关特征的一组人，我们一直假设，在均衡状态下，支付给他们的工资必须等于他们的平均产出或期望边际产出。在竞争性条件下，这个假设具有一定的吸引力。但是为了便于研究，我们去掉这一假设，而假设雇主只需要采用他所雇用的全部劳动力上的平均产出，而不是每一个可观察群体内的平均产出，来作为工人的支付工资。去掉工资上的这一约束条件，可能会出现更多有效的信号传递均衡，尽管很快就会看到，为了达到这一效率，需要一个再分配效应，这一点可能具有一定的吸引力，也可能没有。这个再分配效应体现在收入或工资的平等上。

因为工资不再被强制等于工作内的平均生产力，所以需要如下符号：

w_1＝支付给工作 1 中任一工人的工资；

w_2＝支付给工作 2 中任一工人的工资。

基于所观察到的信号，雇主继续把工人分配到不同的工作上。因此，

如果 $y < \bar{y}$，那么这个人被分配到工作 1，收到的工资是 w_1；

如果 $y \geqslant \bar{y}$，那么这个人被分配到工作 2，收到的工资是 w_2。

于是，第 1 组工人取 $y=0$ 并被分配到工作 1，而第 2 组工人取 $y=\bar{y}$ 并被分配到工作 2（见图 E.4）。

当然，这个图形展示的模型与前面的相同。但是，工资 w_1、w_2 具有一些以前没有的灵活性。

如果

$$w_1 > w_2 - a_1\bar{y}$$

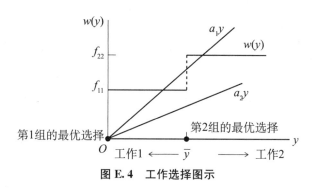

图 E.4　工作选择图示

并且

$$w_2 - a_2\bar{y} > w_1$$

那么每一组都会做出必要的工作选择。把这两个条件转化为 $\bar{y}$ 上的如下条件：

$$\frac{1}{a_2}(w_2 - w_1) > \bar{y} > \frac{1}{a_1}(w_2 - w_1)$$

最后，如果

$$q_1(w_1 - f_{11}) + q_2(w_2 - f_{22}) = 0$$

那么整体平均产量等于整体平均工资。这个关系式界定了雇主确定工资的自由限度。

　　这种情况的独特之处在于，通过减小工资级差降低了 $\bar{y}$ 取值区间的上限和下限值。其中，区间的上限更为重要。

　　命题 4：在一个信号传递均衡上，这两种工作的工资级差越小，第 2 组成员在传递信号上的人均支出的最大值就越小。

　　这一命题的含义是，如果工资具有上述弹性，那么通过减小工资级差及临界值 $\bar{y}$，就可以获得更多有效的信号传递均衡。由于这样做没有改变信息系统中的信息内容，却降低了对信号的投资水平，所以这样获得的均衡更加有效。通过减小工资级差，可以把实际发生的信号传递成本降到任意低。这引出了下述命题。

　　命题 5：当存在工资弹性时，如果雇主面对的是一个非平凡的工作分配问题，那么总会存在一个信号传递均衡，比无信号传递的状况更有效。

　　剩余的问题关注通过控制提供工资获得的有效信号传递均衡的分布效应。因为减小工资级差降低了 $\bar{y}$，其结果是降低了两组在去掉信号传递成本后的收入差额。于是，效率和平等同向变动，而不是反向变动。

但是，最好还要记住下面这些特点：（1）我们正在处理的是一个高度形式化的模型；（2）所需要的工资弹性可能并不具有；（3）因为信号传递成本由求职者个体承担，所以雇主没有特别强烈的动机来减小工资级差。即使竞争压力并没有消除工资弹性（比如，如果雇主是劳动力的一个垄断买方的话），事实也的确如此。

借助一个图形（见图 E.5）的帮助，可以很容易地检验效率和分布问题。

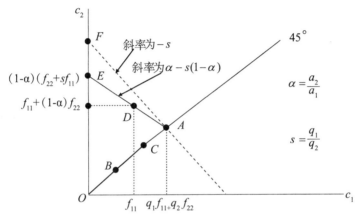

图 E.5 具有工资弹性的帕累托前沿

坐标轴表示两组去掉信号传递成本后的收入，分别用 c_1 和 c_2 表示。给定提供工资，假设我们得到的是最好的信号传递均衡。在具有工资弹性的情况下，把 c_2 描绘成 c_1 的函数图像对我们的分析很有帮助。首先注意下面这个关系式

$$c_2 = w_2 - \frac{a_2}{a_1}(w_2 - w_1)$$

令 $\alpha = \frac{a_2}{a_1}$，由 $w_1 = c_1$ 得

$$c_2 = (1-\alpha)w_2 + \alpha c_1$$

由工资的收支平衡约束条件

$$w_2 = f_{22} + \frac{q_1}{q_2}f_{11} - \frac{q_1}{q_2}c_1$$

令 $s = \frac{q_1}{q_2}$，则 c_2 可以表示为

$$c_2 = [\alpha - s(1-\alpha)]c_1 + (1-\alpha)(f_{22} + sf_{11})$$

如果 $s(1-\alpha) > \alpha$，那么这条直线的斜率是负的。这个条件只适用于那

129

些 $w_2 > w_1$ 或 $c_2 > c_1$ 的平面区域，也就是图 E.5 中的线段 ADE，这是一个帕累托前沿。在点 D 处有 $w_2 = f_{22}$，$w_1 = f_{11}$。点 B 和点 C 是无信号传递工资的可能位置，这样的点总是帕累托劣势的。虚线 AF 的斜率是 $-s$，它穿过最有效的信号传递均衡点 A。如果收入能够在两组间重新分配，而又不影响它们的信号传递决策（我不清楚能否做到这一点），那么我们就可以沿着线段 AF 移动，这些点占优于所有其他的点。

如果 $s = q_1/q_2$ 足够小，那么直线 ADE 就可以有一个正的斜率。在这种情况下，点 A 是唯一的帕累托有效点。直觉上，造成这一现象的原因是，如果第一组人数足够少，那么通过降低信号传递成本大大地补偿了工资 w_2 的减少，因此两组的收益都得到了改善。

图 E.5 清楚地表明，在具有工资弹性时，无信号传递的情况永远不会是帕累托有效的，总会有一个弹性工资的信号传递均衡占优于它。如果不允许工资弹性存在，那么点 D 就是可以获得的最好的均衡点。这个点是否会（帕累托）占优于无信号传递均衡，取决于模型中参数的取值。

对任意一对工资 w_1 和 w_2，最差的信号传递均衡是那个与 $\bar{y} = (w_2 - w_1)/a_2$ 对应的均衡点，于是在这个均衡点处 $c_1 = c_2 = w_1$。这些点落在 45° 对角线上，当然，其中有些点的效率比无信号传递均衡的要低，无信号传递均衡点也落在这条对角线上。简而言之，信号传递可以提高效率，并且在具有工资弹性时，我们发现信号传递均衡帕累托占优于无信号传递均衡。但是，因为信号传递均衡中存在一系列的不确定性，所以在具有工资弹性的情况下，只是存在信号传递并不能保证提高效率。

竞争对信号传递的影响

前面的讨论表明，如果没有约束工资必须等于由信号或指标划分出的群体内员工的期望产出或平均产出，那么提高效率是可行的。一个自然的后继问题是：这样的工资弹性是否与有信号传递发生的市场中的竞争相容？人们也可以把问题扩大到：作用在信息系统上的竞争力量是什么，以及它们对效率和分布的影响是什么？

竞争压力可以作用于两个市场因素，把这两个因素区分开来非常重要。一个因素是工资，另一个是进入更高生产力工作所必需的信号传递水平（我们前面讨论中的工作 2）。因为我们的讨论有时候会有点错综复杂，所以提前列出所得结论很有帮助。

1. 两个要素任何一个方面的竞争都没有消除信号传递本身。事实上，那些没有使用可以获取的信号的企业，往往减少雇用第 2 组成员来提高他们的边际产出和工资，使之达到那些与它竞争、对市场信号做出反应的企业的水平。

2. 有一个限定条件与市场竞争不相容，即，在由信号水平划分出的群体中，工资偏离了边际产出。但是，为了维持信号具有的信息性，竞争性企业有必要，或可能有必要，同时提高信号传递的必备条件 $\bar{y}$ 和第 2 组工人的工资。否则，雇主将会发现，第 1 组工人开始传递信号 $y=\bar{y}$，因此混淆信号传递系统。因为这是一个相对复杂精妙的行动，雇主可能不会总是采取这样的行动，所以工资和边际产出的偏离可能持续存在。这就是所指的限定条件。

3. 在信号传递方面没有竞争时，存在多个均衡。工资和信号传递的必备条件可能随企业的不同而不同。

4. 竞争在信号传递方面有几个比较有趣的影响。首先，竞争使信号传递的必备条件降到最低限度或接近最低限度。其次，竞争消除了相似企业之间存在的工资差别及信号传递必备条件差异。再次，虽然工资还是与平均产出和期望边际产出挂钩，但竞争消除了多重信号传递均衡。最后，还应该再附加一点，与工资方面的竞争不同，雇主没什么兴趣去竞争固定工资下的劳动力。另外，在信号传递方面竞争劳动力，需要精确理解市场环境及市场的信息结构。

把用于检验效率的那个例子稍做调整，就可以清楚明了地解释这些结论了。调整后的例子如下：市场中有两个雇主，而不是一个，边际产出依赖于就业水平。用 a 和 b 表示企业，在适当需要的地方，它们会出现在上标位置。每一家企业有两种类型的工作，并且与前面的例子一样，有两种类型的人。信号传递成本同前面讨论中的相同。

令

$L_{ij}^z=$ 第 i 组中在企业 z 的工作 j 中工作的人数（$z=a$，b）；

$Q^z=$ 企业 z 的产出。

企业 z 的生产函数采用如下形式

$$Q^z = g^z\left(\sum_i f_{i1}^z L_{i1}^z , \sum_i f_{i2}^z L_{i2}^z\right)$$

假设 $f_{22}^z > f_{21}^z$，并假设对每一个 z，有

$$f_{22}^z > f_{11}^z > f_{12}^z$$

这些假设条件与只有一个雇主的模型中的假设相同。第 i 组的一个成员在企业 z 工作的边际产出是

$$m_i^z = \max[g_1^z f_{i1}, \ g_2^z f_{i2}] \tag{1}$$

其中，$i=1$，2，g_j^z 是 g^z 对第 j 个变量的一阶导数。注意，m_i^z 取决于每一组在企业内每一类型工作上的人数。

现在，可以非常清楚地看到，除非（1）式方括号中的两个量相等，否则第 i 组的所有成员都将在企业 z 的某一类型工作上工作，在这类工作上，他们的边际产出最高。我认为这是正常情况：第 1 组成员最终总是到工作 1 中去，而第 2 组成员最终总是到工作 2 中去，当然，前提假设是信号传递系统能把他们区分开来。这纯粹是为了论述的方便，才这样假设。这一点也可以通过假设对每一家企业 z，$f_{12}^z = f_{21}^z = 0$ 来保证。因此

$$L_{12}^z = L_{21}^z = 0, \ z = a, \ b \tag{2}$$

每一个雇主 z，都有一个临界水平 $\bar{y}^z$，低于这个临界水平的工人，雇主就假定他是第 1 组的。为了完成模型的构建，我们需要如下变量：

$w_i^z =$ 企业 z 提供给它认为是第 i 组的工人的工资；

$L_i =$ 第 i 组的总人数，是模型的外生变量。

每一个人最后都能找到工作，因此

$$L_{ii}^a + L_{ii}^b = L_i, \ i = 1, \ 2 \tag{3}$$

模型 1：对每一个观察到的信号，工资等于期望边际产出

我们采用工资等于边际产出这一准则开始论述分析，并且假设在信号传递方面没有竞争；也就是说，雇主不会试图把工作 2 信号传递必备的先决条件压得比对方的低。

信号传递均衡要满足的条件，大家早已熟悉，即，对 $z = a, \ b$

$w_1^z > w_2^z - a_1 \bar{y}^z$，（第 1 组取 $y = 0$）并且

$w_2^z - a_2 \bar{y}^z > w_1^z$，（第 2 组取 $y = \bar{y}^z$）

再简洁一点，可以表达为，对 $z = a, \ b$

$$\frac{w_2^z - w_1^z}{a_2} > \bar{y}^z > \frac{w_2^z - w_1^z}{a_1} \tag{4}$$

另外，对每一个 i 和 z，有

$$w_i^z = m_i^z(L_{11}^z, \ L_{22}^z) \tag{5}$$

这就是工资等于边际产出条件。最后，为了使每一组的成员都能为两个雇主工作，要求在每一家企业内，两个工作上的信号传递成本的收益必须相等。换句话说，下述条件必须成立

$w_1^a = w_1^b$，且

$$w_2^a - a_2 \bar{y}^a = w_2^b - a_2 \bar{y}^b \tag{6}$$

否则，有一家企业将会破产。假设低投入水平的边际产出足够大，大到足以使任何一家企业都永远不会破产。总的来说，给定 $\bar{y}^a$ 和 $\bar{y}^b$，把两组工人在两家企业间进行分配，以保证满足条件（6）式。利用（3）式和（5）式，把均衡条件变为

$$m_1^a(L_{11}^a, L_{22}^a) = m_1^b(L_1 - L_{11}^a, L_2 - L_{22}^a)，且$$
$$m_2^a(L_{11}^a, L_{22}^a) - a_2 \bar{y}^a = m_2^b(L_1 - L_{11}^a, L_2 - L_{22}^a) - a_2 \bar{y}^b \tag{7}$$

给定 $\bar{y}^a$ 和 $\bar{y}^b$，这两个方程确定了劳动力的分配 L_{11}^a 和 L_{22}^a。（6）式只是设置了 $\bar{y}^a$ 和 $\bar{y}^b$ 要满足的约束条件，但却无法确定它们。因此，模型存在多个均衡。而且，信号传递并没有受到工资竞争上竞争压力的破坏。均衡条件（7）式把点（$\bar{y}^a$, $\bar{y}^b$）映射到可能的（L_{11}^a, L_{22}^b）点集上。一般地，这个映射会有多个不动点，每一个都是一个均衡，每一个都隐含劳动力在两家企业间的一个不同分配。

综上所述，即使存在竞争压力，信号传递均衡依然存在，并且如同前面的模型一样，一般情况下有多个均衡。

模型 2：工资弹性和工资竞争

如果能够减小工资级差，那么就可以减少信号传递系统的社会成本。当然，这样的话就表明工资与边际产出不相等。对第 2 组工人来说，工资会低于边际产出，而对第 1 组来说，工资则高于边际产出。而现在需要考虑的问题是，工资与边际产出不相等是否能与企业的竞争行为相容。

读者会回忆起来，所谓竞争性问题是指一旦雇主发现某个工人群体的工资低于边际产出，他就会提高工资来扩大雇佣人数并增加收益。当然，在有信号传递的情况下，只要具备一个重要的条件，这一观点就成立。为了理解这个重要的条件是什么，建议回到条件（4）式。当 w_2^a 升高时，我们可能发现 $(w_2^a - w_1^a)/a_1 > \bar{y}^z$。倘若发生这种情况，那么第 1 组会开始传递信号 $y = \bar{y}^z$，并且这个信号会失去它的信息内容。这时可能发生两件事情。一件事情是，雇主可能会再次降低工资 w_2^a。如果他这样做的话，那么工资会低于边际产出。另一件事情是，雇主可能会提高 $\bar{y}^z$。要做到这一点，雇主需要对信号传递环境有一个相对透彻的理解。在这种情况下（从效率的角度来看，是最糟糕的一种情况），工资会提高到边际产出水平。

在均衡状态下，工资一般不会偏离边际产出，除非在提高工资

w_2^z（假设 w_2^z 的初始值低于边际成本）的过程中，雇主在信号传递系统中遭遇了困扰，造成他不是提高 $\bar{y}^z$ 来提高工资，反而是把工资降下来，这时工资会偏离边际成本。有趣的是，注意，如果假设工资 w_2^z 的初始值高于边际成本，那么类似的分析表明，对每一个雇主（或两个雇主），第 2 组的工资都会停滞在高于边际产出的水平上，除非他准备降低 $\bar{y}^z$。

还有第三种可能。由于在信号中遭遇了困扰，一个雇主可能只是放弃这个信号。如果他这样做的话，那么他的提供工资对所有求职者来说都是相同的。并且在均衡状态下，倘若有另外一个雇主使用这个信号来区分不同的群体，那么这个雇主会发现他只雇用到了第 1 组的工人。如果对这个雇主来说，他不可能只雇用第 1 组的工人（从生产函数的角度来说），那么他要么恢复对这个信号做出反应，要么破产。因此，竞争压力远非破坏信号传递系统，而是迫使雇主关注市场信号。

模型 3：信号传递方面的竞争

精明老练的雇主意识到个体并非对工资变化做出反应，而是对去掉信号传递成本后的收益做出反应，可能会通过把 $\bar{y}^z$ 降低到与维持信号中的信息内容相当的水平来提高竞争力。如果两家企业都这样做，信号传递的必备条件将被压低到最低限度，如条件（4）式所定义的那样。

因此，关于 $\bar{y}$ 的竞争，通过降低信号传递成本提高了信号传递系统的效率，并且没有损失信号的信息内容。但这样做还产生了其他效应。事实上，它消除了工资级差和企业间信号传递的必备条件差异。这一问题的论述直接明了，如下所述。对 $\bar{y}^z$ 竞争的结果使

$$\bar{y}^a = \frac{w_2^a - w_1}{a_1}，且$$

$$\bar{y}^b = \frac{w_2^b - w_1}{a_1}$$

但在均衡状态下

$$w_2^a - a_2\bar{y}^a = w_2^b - a_2\bar{y}^b$$

于是，把这些条件综合起来得到

$$\frac{w_2^a - w_2^b}{a_2} = \bar{y}^a - \bar{y}^b = \frac{w_2^a - w_2^b}{a_1}$$

因为假设 $a_2 < a_1$，所以一定有

$$w_2^a = w_2^b = w_2$$

因此有[①]

$$\bar{y}^a = \bar{y}^b = \frac{w_2 - w_1}{a_1}$$

于是，假设竞争压力驱使工资等于边际产出，那么信号方面的竞争至少有四个效果。

（ⅰ）消除了第 2 组的工资级差；

（ⅱ）工作 2 上发生信号传递的必备条件变得相同；

（ⅲ）消除了多个均衡；

（ⅳ）信号传递发生的必备条件被压低到与信号传递系统具有信息相一致的最低限度。

还有一点值得注意。从信号传递成本与市场均衡的关系的角度来看，模型中最重要的参数是 a_1，也就是第 1 组工人关于变量 y 的边际成本。而 a_2 除了比 a_1 小外，它的重要性有点与问题无关了。降低个人边际信号传递成本 a_1 的措施会有两个效果。一个效果是，如果 a_2 没有减小，而 a_1 又降得足够小，那么信号将失去它的信息内容。另一个效果是，要是没有了信息内容，那么信号传递的社会资源成本将上升，由此会引起总效率下降。

总　结

由于市场信号的信息内容而获得的生产力，可能证明了资源投入的合理性，也可能证明不了。当然，人们不能假设有信号传递比无信号传递更有效。信号传递是否可取，取决于不同工作上不同群体的相对优势和绝对优势。

当工作之间的工资级差减小时，信号传递系统吸收的资源也随之减少。减小工资级差会提高企业的生产效率，并且秉持平等对待来重新分配收入（去掉信号传递成本）。

工资竞争与多个均衡相容，但使工资等于边际产出。信号传递范围上的竞争，消除了工资级差和信号传递必备条件差异，迫使信号传递的必备条件降到下限，并消除了多个均衡。

---

① 如果企业真的达到了它们的信号传递必备条件的最低限度，那么会发生一个技术问题，因为在最低限度处，第 1 组的人对于 $y=0$ 还是 $y=\bar{y}$ 将无所谓。这将造成信号传递系统的混乱。

附录 F 就业市场信号传递的 一个一般均衡模型

这一部分在一个合理的、一般化的多市场框架下证实存在信号传递均衡。[①]

假设和符号

1. 有有限家企业、有限个信号、有限种类的工人。同一类型的工人在所有企业中都具有相同的生产力和相同的信号传递成本。这意味着，两个不同群体可能具有相同的生产特征、不同的信号传递成本，或具有不同的生产力、相同的信号传递成本。信号可以产生效益。有限性假设是为了数学分析上的便利，其数目可以非常大。

2. 在每一种类型工人群体内部，可以按照你希望的比例把工人们分配到企业和信号：群体无限可分。

3. 用 m_{ij}^z 表示类型为 i 的工人发射信号 j 且为企业 z 工作的人口比例。另外，定义如下向量

$$m_j^z = (m_{1j}^z, \cdots, m_{Ij}^z)$$

$$m^z = (m_1^z, \cdots, m_J^z)$$

$$m = (m^1, \cdots, m^z)$$

由定义，对所有的 z、i 和 j，有

---

① 肯尼斯·阿罗指出，这里应该取映射 $M \times T \to P(M \times T)$，从而极大地简化了这个证明。在我原来的证明中，采取的映射是 $A: M \to P(M)$。因为当对所有的 i，$m_{ij}^z = 0$ 时 t_j 的定义不完好，所以有必要使用一列不动点的极限，这是一个复杂的构造。因为原来的证明对均衡点处的提供工资问题提出了更多的见解，所以在附录 G 中给出。

$$m_{ij}^z > 0$$

对所有的 i，有

$$\sum_{z,j} m_{ij}^z = 1$$

定义

$$M = \{m \mid m \text{ 满足这些条件}\}$$

4. 如果企业 z 知道一个传递信号 j 的工人属于类型 i，那么它支付给这个工人的工资是他的边际产出，用下式表示

$$f_{ij}^z(m^z)$$

这是关于 m^z 的一个连续函数，m^z 是每种类型工人群体中被企业 z 雇佣的人数比例。注意，个人的边际产出依赖于企业的劳动力投入。

5. 信号传递成本由下式给出

$$c_{ij}^z(m) = \text{一个类型 } i \text{、为企业 } z \text{ 工作的工人发射信号 } j \text{ 的成本}$$

这是关于 m 的一个连续函数，m 是每种类型工人群体中发射各种信号、为各种企业工作的人数比例。

6. 在适合雇佣的工人中，类型为 i 的工人所占的比例是 q_i。由定义有

$$q_i \geqslant 0 \text{ 且 } \sum_i q_i = 1$$

7. 在雇佣当时，雇主既不观察求职者的类型，也不观察他们的生产力；他只观察信号。

8. 雇主 z 支付给发射信号 j 的工人的工资是 t_j^z。于是，$(t_1^z, \cdots, t_j^z)$ 是雇主 z 给出的工资一览表。

9. 定义

$$t^z = (t_1^z, \cdots, t_j^z)$$
$$t = (t^1, \cdots, t^z)$$
$$T_j^z = \left[\min_{i, m^z} f_{ij}^z(m^z), \max_{i, m^z} f_{ij}^z(m^z)\right]$$
$$T = X_{z,j} T_j^z$$

10. 一个均衡是一个满足如下两个关系的元素 $(m, t) \in M \times T$。

(1) 雇主理念的准确性。

如果对某个 i，$m_{ij}^z \neq 0$，那么 $t_j^z = \dfrac{\displaystyle\sum_i m_{ij}^z q_i f_{ij}^z(m^z)}{\displaystyle\sum_i m_{ij}^z q_i}$。

如果对每一个 $i = 1, \cdots, I$，$m_{ij}^z = 0$，那么 $t_j^z \in T_j^z$。

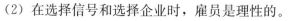

（2）在选择信号和选择企业时，雇员是理性的。

$m_{ij}^z = 0$，除非

$$t_j^z - c_{ij}^z(m) = \max_{r,s} \left[t_s^r - c_{is}^r(m) \right]$$

定理： 存在一个信号传递均衡。

注： 证明由两部分组成。首先在集合 $M \times T$ 上定义一个映射，证明这个映射的不动点是均衡；其次证明这个映射至少存在一个不动点。

证明： 定义映射 A： $M \times T \to P(M \times T)$ 如下

$$(y, W) \underset{\text{def.}}{\in A(m, t)} \iff$$

（ⅰ） $y \in M$；

（ⅱ） $W \in T$；

（ⅲ） $y_{ij}^z = 0$，除非 $t_j^z - c_{ij}^z(m) = \max_{r,s} \left[t_s^r - c_{is}^r(m) \right]$；

（ⅳ） 如果对某个 i，$m_{ij}^z \neq 0$，那么

$$W_j^z = \frac{\sum_i m_{ij}^z q_i f_{ij}^z(m^z)}{\sum_i m_{ij}^z q_i} \in T_j^z$$

首先注意，$M \times T$ 是一个紧凸集，实际上是许多紧凸集的笛卡儿积。

下一步来证明 $A(m, t)$ 是一个紧凸集。因为 $A(m, t) \in M \times T$，所以它是有界的。由定义得，$A(m, t)$ 是闭集。假设 $(y(1), W(1))$ 和 $(y(2), W(2))$ 属于 $A(m, t)$。令 $\alpha \geqslant 0$、$\beta \geqslant 0$ 且 $\alpha + \beta = 1$。因为点 $(y(1), W(1))$ 和 $(y(2), W(2))$ 属于 $M \times T$，所以

$$\alpha(y(1), W(1)) + \beta(y(2), W(2)) \in M \times T$$

假设 $t_j^z - c_{ij}^z(m) < \max_{r,s} \left[t_s^r - c_{is}^r(m) \right]$，那么 $y_{ij}^z(1) = 0 = y_{ij}^z(2)$，于是 $\alpha y_{ij}^z(1) + \beta y_{ij}^z(2) = 0$，结论成立。类似地，如果对某个 i，$m_{ij}^z \neq 0$，那么

$$W_j^z(1) = W_j^z(2) = \frac{\sum_i m_{ij}^z q_i f_{ij}^z(m^z)}{\sum_i m_{ij}^z q_i}$$

于是

$$\alpha W_j^z(1) + \beta W_j^z(2) = \frac{\sum_i m_{ij}^z q_i f_{ij}^z(m^z)}{\sum_i m_{ij}^z q_i}$$

因此，$A(m, t) \subset M \times T$ 是紧凸集。

最后，证明 A 是一个上半连续映射。假设 $\{(m(v), t(v))\}_{v=1}^{\infty}$ 是 $M \times T$ 中的一个序列，极限是 $(\overline{m}, \overline{t})$； $(y(v), W(v)) \in A(m(v), t(v))$

且 $\{(y(v),W(v))\}_{v=1}^{\infty}$ 的极限是 $(\bar{y},\bar{W})$。我们要证明 $(\bar{y},\bar{W})$ $\in A(\bar{m},\bar{t})$。

显然，$(\bar{y},\bar{W})\in M\times T$。而且，如果对某个 i，$\bar{m}_{ij}^{z}\neq 0$，那么对足够大的 v，$m_{ij}^{z}(v)\neq 0$。因此，对足够大的 v，有

$$W_{j}^{z}(v)=\frac{\sum_{i}m_{ij}^{z}(v)q_{i}f_{ij}^{z}(m^{z}(v))}{\sum_{i}m_{ij}^{z}(v)q_{i}}$$

上式两端取极限得

$$\bar{W}_{j}^{z}=\frac{\sum_{i}\bar{m}_{ij}^{z}q_{i}f_{ij}^{z}(\bar{m}^{z})}{\sum_{i}\bar{m}_{ij}^{z}q_{i}}$$

接下来还需要证明 $\bar{y}_{ij}^{z}=0$，除非

$$\bar{t}_{ij}^{z}-c_{ij}^{z}(\bar{m})=\max_{r,s}\left[\bar{t}_{s}^{r}-c_{is}^{r}(\bar{m})\right]$$

假设 $\bar{y}_{ij}^{z}\neq 0$。因为 $y_{ij}^{z}(v)\rightarrow\bar{y}_{ij}^{z}$，所以存在 V，当 $v\geqslant V$ 时，$y_{ij}^{z}(v)\neq 0$。因为 $(y(v),W(v))\in A(m(v),t(v))$，所以对所有的 $v\geqslant V$、r 和 s，有

$$t_{j}^{z}(v)-c_{ij}^{z}(m(v))\geqslant t_{s}^{r}(v)-c_{is}^{r}(m(v))$$

对上式两端取极限，并由连续性可得，对所有的 r 和 s

$$\bar{t}_{j}^{z}-c_{ij}^{z}(\bar{m})\geqslant \bar{t}_{s}^{r}-c_{is}^{r}(\bar{m})$$

这证明了

$$(\bar{y},\bar{W})\in A(\bar{m},\bar{t})$$

总之，映射 $A：M\times T\rightarrow P(M\times T)$ 是上半连续的，$M\times T$ 是紧凸集，所有的像集 $A(m,t)$ 是紧凸集。由角谷静夫不动点定理（Kakutani fixed point theorem），A 有一个不动点，即，存在 $(m^{*},t^{*})\in A(m^{*},t^{*})$。由 A 的定义和均衡的定义可知，(m^{*},t^{*}) 显然是信号传递系统的一个均衡。证明完毕。

附录G 信号传递均衡的性质

我们现在转而研究就业市场信号传递均衡的性质，第一个问题是关于企业的提供工资清单。

命题 1：存在一个均衡，其提供工资（t_j^z）具有如下性质。

（i）如果对企业 z 使用信号 j，那么

$$t_j^z = \frac{\sum_i q_i m_{ij}^z f_{ij}^z(m^z)}{\sum_i q_i m_{ij}^z} \tag{1}$$

（ii）如果没有使用信号 j，并且对企业 z 不能合理使用信号 j，那么

$$t_j^z = \sum_i q_i f_{ij}^z(m^z) \tag{2}$$

（iii）如果没有使用信号 j，但对企业 z 能够合理使用信号 j，那么令

$$T_j^z(m) = \{i \,|\, t_j^z - c_{ij}^z(m) = \max_{r,s}[t_s^r - c_{is}^r(m)]\} \tag{3}$$

$$t_j^z = \sum_{i \in T_j^z(m)} r_i f_{ij}^z(m^z) \tag{4}$$

其中，$r_i \geqslant 0$ 且 $\sum_{i \in T_j^z} r_i = 1$。

证明：对任意的 $\varepsilon > 0$，定义映射 $A_\varepsilon: M \to M$ 如下

如果

（i）$t_j^z = \dfrac{\sum_i q_i(m_{ij}^z + \varepsilon) f_{ij}^z(m^z)}{\sum_i q_i(m_{ij}^z + \varepsilon)}$， $\tag{5}$

（ⅱ）$y_{ij}^z = 0$，除非 $t_j^z - c_{ij}^z(m) = \max\limits_{r,s} [t_s^r - c_{is}^r(m)]$，　　　　　(6)

（ⅲ）$y \in M$，

那么

$$y \in A_\varepsilon(m)$$

用类似于附录 F 的讨论，容易证明：对任意的 $\varepsilon > 0$，A_ε 有一个不动点。令 $\{\varepsilon_v\}_{v=1}^\infty$ 是 R 中的一个数列，$\varepsilon_v > 0$ 且 $\lim\limits_{v \to \infty} \varepsilon_v = 0$。于是，对应于这个数列，有一个影射序列 $\{A_{\varepsilon_v}\}$ 的不动点数列 $\{m(v)\}$，数列 $\{m(v)\}$ 在 M 中至少有一个极限。这个极限是信号传递博弈的一个均衡，称为极限 $\bar{m}$。现在考虑下述式子

$$t_j^z(v) = \frac{\sum\limits_i q_i(m_{ij}^z(v) + \varepsilon_v) f_{ij}^z(m^z(v))}{\sum\limits_i q_i(m_{ij}^z(v) + \varepsilon_v)} \qquad (7)$$

如果 $i \notin T_j^z(\bar{m})$，那么对所有足够大的 v，$i \notin T_j^z(m(v))$。因此 $m_{ij}^z(v) = 0$。于是，令 $v \to \infty$，则有：

（ⅰ）如果对某个 i，$\bar{m}_{ij}^z \neq 0$，那么上面的条件（ⅰ）满足；

（ⅱ）如果对所有的 i，$i \notin T_j^z(\bar{m})$，那么

$$\bar{t}_j^z = \sum\limits_i q_i f_{ij}^z(\bar{m}^z) \qquad (8)$$

（ⅲ）如果对所有的 i，$\bar{m}_{ij}^z = 0$，但 $T_j^z(\bar{m}) \neq \varnothing$，那么

$$\bar{t}_j^z = \sum\limits_i r_i f_{ij}^z(\bar{m}^z) \qquad (9)$$

对于 $i \notin T_j^z(\bar{m})$，$r_i = 0$。证明完毕。

注：这个命题证明了均衡状态的提供工资并不是毫不合理的。事实上，它们正是人们从导向均衡的动态过程中期望得到的结果。

人们可以用比较的方法证明，当去掉 t_j^z 上的限制条件，尤其是去掉 $t_j^z \in [\min\limits_i f_{ij}^z(m^z), \max\limits_i f_{ij}^z(m^z)]$ 这个要求条件，那么会有一个"无信号传递"均衡，人们在这个均衡处选择相同的信号。

命题 2：对任意信号 j，存在一个均衡，在这个均衡处每一个人都选择 j。

证明：对足够大的正数 M，令 $t_k^z = -M$，$k \neq j$。于是对所有的 i 和 k，$t_k^z - c_{ik}^z(m) < t_j^z - c_{ij}^z(m)$。因此，每个人都选择 j，并且

$$t_j^z = \sum\limits_i q_i m_{ij}^z f_{ij}^z(m^z) \qquad (10)$$

$m_{ij}^z = 0$，除非

$$t_j^z - c_{ij}^z(m) = \max\limits_r [t_j^r - c_{ij}^r(m)] \qquad (11)$$

证明完毕。

注：垄断企业可能利用这个事实，迫使每一个人都投资一个对它来说是高效盈利的特定"信号"。但只有当这些收益可以被这家企业利用时，这样的做法才可能是理性的。可以用同样的技术方法把不合适的人员排除出市场。当然，筛选机构必须处在垄断地位才能做到这一点。具有执照的医生和具有博士学位的高校教师，就是可能的例子。

不确定性和稳定性

从这里开始，不再使用雇主作为上标符号，j 代表信号—企业二元组合。

我们发现了两个本质不同的有趣情形：可能是每一组工人自有一个信号，也可能是每一个信号自成一组。具有每一组自有一个信号和每一个信号自成一组这两个性质的均衡，被称为纯信号传递均衡（pure signaling equilibrium）。

如果每一个信号自成一组，那么雇主不确定性就消失了。

命题 3：每一个信号自成一组，表明任意两组工人的信号传递成本函数不同。

证明：假设第 i 组有唯一一个最优的选择信号 $\sigma(i)$。则命题的假设条件为：当 $i \neq k$ 时，$\sigma(i) \neq \sigma(k)$。由定义有

$$t_{\sigma(i)} - c_{i\sigma(i)} > t_{\sigma(k)} - c_{i\sigma(k)} \tag{12}$$

和

$$t_{\sigma(k)} - c_{k\sigma(k)} > t_{\sigma(i)} - c_{k\sigma(i)} \tag{13}$$

把这两个不等式相加得

$$c_{i\sigma(i)} - c_{i\sigma(k)} < c_{k\sigma(i)} - c_{k\sigma(k)} \tag{14}$$

因此，第 i 组和第 k 组的信号传递成本函数不同。证明完毕。

下面这个命题更是让人感到惊讶。

命题 4：假设任意两组的信号传递成本差异永远不会相同，也就是说，对任意两组 i、m，对任意两个信号 j、k，有

$$c_{ik} - c_{ij} \neq c_{mk} - c_{mj} \tag{15}$$

那么至多有一组会使用一对给定的信号。

证明：令

$$\Gamma_j(t) = \{i \mid t_j - c_{ij} = \max_r [t_r - c_{ir}]\} \tag{16}$$

则命题为，如果 $j \neq k$，那么

$$\Gamma_j(t) \bigcap \Gamma_k(t) \tag{17}$$

至多包含一个元素。假设 $i, m \in \Gamma_j(t) \bigcap \Gamma_k(t)$，那么有

$$t_j - c_{ij} = t_k - c_{ik} \tag{18}$$

和

$$t_j - c_{mj} = t_k - c_{mk} \tag{19}$$

（18）式减去（19）式得

$$c_{mj} - c_{ij} = c_{mk} - c_{ik} \tag{20}$$

或

$$c_{ik} - c_{ij} = c_{mk} - c_{mj} \tag{21}$$

这与成本差异不等的假设矛盾。证明完毕。

注：信号传递成本差异不能保证消除均衡的不确定性，但确实对群体在信号上的分散设置了一些限制。

严格地说，命题 4 与是否每一组自有一个信号的问题更相关。信号传递成本差异保证了，不会有两组同时使用一对给定的信号。

每一组自有一个信号关系到稳定性问题。因为每一组只有一个理性选择的信号的假设，会保证均衡的局部稳定性。另外，如果一组有多于一个理性选择，那么从个人的角度来说，这一组在信号上的分配是任意的。可能会有人认为这会导致不稳定性。但是，最好提醒大家记住萨缪尔森（Samuelson）关于在马提尼酒杯底，近乎盲视的橄榄所体验的自由运动的意义的至理名言。

最优信号传递

假设可以把工人群体分配到信号上。令 $\Gamma = (\Gamma_1, \cdots, \Gamma_J)$ 是 $(1, \cdots, I)$ 在信号上的一个分割。全体工人的收益是

$$\sum_j \sum_{i \in \Gamma_j} q_i(t_j - c_{ij}) \tag{22}$$

其中，

$$t_j = \frac{\sum\limits_{i \in \Gamma_j} q_i f_{ij}}{\sum\limits_{i \in \Gamma_j} q_i} \tag{23}$$

把 t_j 代入（22）式，得到全体工人的收益为

$$\sum_j \sum_{i \in \Gamma_j} q_i(f_{ij} - c_{ij}) \tag{24}$$

显然，只有对所有的 k，

$$f_{ij}-c_{ij}\geqslant f_{ik}-c_{ik} \tag{25}$$

时，对 $i\in\Gamma_j$，（24）式达到最大。

在什么条件下，这个最优分割本身会作为一个信号传递均衡存在呢？下面这个命题给出了一个必要条件。

命题 5：如果最大净收益是作为均衡得到，那么如果 $i\in\Gamma_k$，则对所有的 $j\neq k$，

$$f_{ik}-t_k<f_{ij}-t_j \tag{26}$$

即，个人边际产出超过他的工资的数量必须小于与任何其他信号的差额。

证明：由构造得，对 $i\in\Gamma_k$

$$f_{ik}-c_{ik}>f_{ij}-c_{ij} \tag{27}$$

假设

$$t_k-c_{ik}<t_j-c_{ij} \tag{28}$$

对不等式相加得

$$f_{ik}-t_k>f_{ij}-t_j \tag{29}$$

因此，如果（29）式的不等号反方向，那么（28）式就不可能成立。即，如果对 $i\in\Gamma_k$、$j\neq k$，$f_{ik}-t_k<f_{ij}-t_j$，那么最优分割会作为一个信号传递均衡存在。证明完毕。

纯信号传递均衡

很难找到纯信号传递均衡存在的必要条件和充分条件，下面给出一组充分条件。

命题 6：如果存在对信号 j 和组 i 的一个重新编号，使

（ⅰ）$c_{i,j+1}-c_{i,j}>c_{i+1,j+1}-c_{i+1,j}$ 对所有的 i、j 都成立， （30）

（ⅱ）$f_{ii}-c_{ii}>f_{i+1,i+1}-c_{i,i+1}$ 对所有的 i 成立， （31）

（ⅲ）$f_{ii}-c_{ii}>f_{i-1,i-1}-c_{i,i-1}$ 对所有的 i 成立， （32）

那么存在一个纯信号传递均衡，其中第 i 组发射信号 i。即，信号 i 的工资是 f_{ii}，且对所有的 i、j，有

$$f_{ii}-c_{ii}>f_{jj}-c_{ij} \tag{33}$$

注：这三个条件，与连续模型和微分模型中的一阶条件很相似，是局部条件。条件（ⅱ）和（ⅲ）表明，信号 i 比信号 $i-1$ 或信号 $i+1$ 对 i 组要好。条件（ⅰ）表明，边际成本是小组数目的减函数。这类似于附录 A 中的条件 $c_{yn}<0$。

证明：这个命题的证明分三部分完成，每一部分有独立的证明。

（1）条件（i）意味着，对 $m>i$，$k>j$

$$c_{mk}-c_{mj}<c_{ik}-c_{ij} \tag{34}$$

证明：重复利用条件（i）得

$$c_{i,j+1}-c_{i,j}>c_{i+1,j+1}-c_{i+1,j}>\cdots>c_{m,j+1}-c_{m,j} \tag{35}$$

因此

$$
\begin{aligned}
&c_{m,j+1}-c_{m,j}<c_{i,j+1}-c_{i,j}\\
&c_{m,j+2}-c_{m,j+1}<c_{i,j+2}-c_{i,j+1}\\
&\quad\vdots\\
&c_{m,k}-c_{m,k-1}<c_{i,k}-c_{i,k-1}
\end{aligned}
\tag{36}
$$

把这些不等式相加，得到了所需要的

$$c_{mk}-c_{mj}<c_{ik}-c_{ij} \tag{37}$$

（2）如果 $j>i$，那么 $f_{ii}-c_{ii}>f_{jj}-c_{ij}$。 $\tag{38}$

证明：由条件（ii）得

$$
\begin{aligned}
&f_{ii}-c_{ii}>f_{i+1,i+1}-c_{i,i+1}\\
&f_{i+1,i+1}-c_{i+1,i+1}>f_{i+1,i+2}-c_{i+1,i+2}\\
&\quad\vdots\\
&f_{j-1,j-1}-c_{j-1,j-1}>f_{j,j}-c_{j-1,j}
\end{aligned}
\tag{39}
$$

将上述不等式相加，并调整不等式的项，得到下述不等式

$$
\begin{aligned}
f_{ii}-f_{jj}>&(c_{ii}-c_{i,i+1})+(c_{i+1,i+1}-c_{i+1,i+2})+\cdots\\
&+(c_{j-1,j-1}-c_{j-1,j})
\end{aligned}
\tag{40}
$$

利用（34）式，上式右端最后一项可由下式替换，而不等式依然成立

$$c_{j-2,j-1}-c_{j-2,j} \tag{41}$$

于是，不等式右端这个序列的最后一项就变为

$$c_{j-2,j-2}-c_{j-2,j} \tag{42}$$

重复这个过程，我们得到

$$f_{ii}-f_{jj}>c_{ii}-c_{ij} \tag{43}$$

或

$$f_{ii}-c_{ii}>f_{jj}-c_{ij} \tag{44}$$

（3）如果 $j<i$，那么 $f_{ii}-c_{ii}>f_{jj}-c_{ij}$。

证明：运用条件（iii），用类似于（2）的方法证明。证明完毕。

在任一组 i 的信号传递成本上，增加一个常数项不影响信号传递均衡，这反映出只有边际成本在起作用。于是，最起码，生产力与去掉信

号传递成本后的收益之间的关系变弱。但是，如果某个组的最优选择信号对另外一个组来说比较便宜，那么这第二个组在均衡时的净收益就会高。假设 $c_{ji} < c_{ii}$，那么我们得到

$$f_{jj} - c_{jj} > f_{ii} - c_{ji} > f_{ii} - c_{ii}$$

附录 H　动态变化

具有讽刺意味的是，经济学和其他学科使用均衡系统来规避大部分持续不断的社会发展进程中动态变化内在的复杂性，而同样令人感到讽刺的是，为了证明使用均衡概念是正确的，又必须对这些动态变化投入一定的关注。信息均衡系统对此也毫不例外。[①]

下面要做的是，尝试找到可以调整到一个信息均衡的动态变化。在这个模型中，雇主的反应比他们在真实世界中要快。总之，这是不稳定性的原因之一。我还没有在模型中就雇主理念的调整明确建立"更新信息"。一个关于动态变化的更详尽的研究，将会包含这一因素。

假设和符号

1. 时间被分为离散的时间段，用 n 表示。

2. 雇主支付给在时间段 n 上发射信号 j 的工人的工资，是在时间段 $n-1$ 上发射信号 j 的雇佣工人的平均边际产出。

3. 在时间段 n 上进入劳动力市场的雇员，只对时间段 n 上的数据做出反应，即，只对时间段 n 上雇主的提供工资做出反应。这里没有滞后数据。

4. 如果在时间段 $n-1$，雇主 z 雇用的所有工人都没有使用某个信号 j，那么在时间段 n，雇主 z 提供给发射信号 j 的工人的工资，正是在时间段 $n-1$ 上的提供工资（没有经验就没有提供工资的调整）。

[①]　我一直在研究诸如马尔可夫链（Markov chain）这样的动态变化。在这里使用这个强大的工具的想法来自杰里·格林（Jerry Green），我很感谢他。

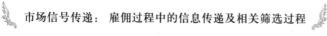

在这些假设下，一个直觉上非常清楚的结果是，信号传递模式会来回循环、永远不会达到一个均衡。

例 1

在前文我们证实了，如果 $S(n, y) = n$ 并且 $C(y, n) = y/n$，那么均衡状态雇主的反应函数是

$$f(y) = (2)^{1/2}(y+K)^{1/2} \tag{1}$$

K 是任意常数。现在，假设在时间段 n

$$f_n(y) = (2B)^{1/2}(y+K)^{1/2} \tag{2}$$

$B \neq 1$。那么，利用上述假设，简单的计算表明

$$f_{n+1}(y) = (2B)^{1/2}(y+K)^{1/2} \tag{3}$$

$$f_{n+2}(y) = (2B)^{1/2}(y+K)^{1/2} \tag{4}$$

因此，雇主期望永远绕着均衡点循环，循环周期是二。

例 2

假设有两组工人和两个信号。这个模型与第 3 章的模型类似。每个组的人数占总人数的 1/2。令 $F = (f_{ij})$ 和 $C = (c_{ij})$ 是这个组的 2×2 的边际产出矩阵和成本矩阵，令

$$F = \begin{bmatrix} 2.5 & f_{12} \\ 1 & 3 \end{bmatrix} \quad C = \begin{pmatrix} 0.5 & 2 \\ 1 & 2 \end{pmatrix} \tag{5}$$

假设在初始时，$t_1 = 2.5$，$t_2 = 3$。在这一时间段，两个组都会发射信号 1。于是，在下一个时间段，雇主会取 $t_1 = 1.5$，$t_2 = 2$。作为回应，第 1 组会发射信号 1，第 2 组会发射信号 2。这产生了下一时间段的初始工资 $t_1 = 2.5$，$t_2 = 3$，循环再次开始。

在一般化模型中，假设有一家企业，每一种类型的人员数目有限。令

$m_{ij} = i$ 类型的工人中传递信号 j 的人数

这个动态变化可以看作一个马尔可夫链，其中，雇主的行为如上述假设中的描述，但雇员会犯错误，或需要时间调整。因为假设每种类型的人员数目有限，所以在任一给定的时间段，可能出现的系统状态数目有限。用向量 (t, m) 表示一个给定时间段上的系统，其中，$t = (t_1, \cdots, t_J)$ 是针对每一个信号的提供工资列表，$m = (m_{ij})$ 是一个人数向量，元素 m_{ij} 表示每一种类型的人中使用每一个信号的人员数目。

每一个 t_j 选自一个有限的可能性列表，这些可能的工资由下式

生成

$$t_j = \frac{\sum\limits_i n_{ij} f_{ij}}{\sum\limits_i n_{ij}} \tag{6}$$

其中，n_{ij} 取所有这样可能的值：对每一个 j，至少有一个 n_{ij} 不等于零。但是，有一些这样生成的向量 t 永远观察不到。那些可能被观察到的向量满足下面这些关系。

存在一个 m，使对每一个 j，如果对某个 i，$m_{ij} \neq 0$，那么

$$t_j = \frac{\sum\limits_i m_{ij} f_{ij}}{\sum\limits_i m_{ij}} \tag{7}$$

置换概率

用 $P(t, m/\bar{t}, \bar{m})$ 表示给定 $(\bar{t}, \bar{m})$ 情况下 (t, m) 发生的概率，它可以分解为两部分。$P(t/\bar{t}, \bar{m})$ 由雇主的如下行为确定。

如果对所有信号 j，下述关系有一个成立：

对所有的 i，$\bar{m}_{ij} = 0$，并且 $t_j = \bar{t}_j$，

或者，对某个 i，$\bar{m}_{ij} \neq 0$，并且 $t_j = (\sum\limits_i \bar{m}_{ij} f_{ij})/(\sum\limits_i \bar{m}_{ij})$，

对所有其他的 i，$\bar{m}_{ij} = 0$，

那么 $P(t/\bar{t}, \bar{m}) = 1$。

$P(m/\bar{t}, \bar{m})$ 由雇员的行为确定，并且

$$P(t, m/\bar{t}, \bar{m}) = P(t/\bar{t}, \bar{m}) P(m/\bar{t}) \tag{8}$$

模型允许雇员犯错误，这一点可以有多种操作方法。一种可能的方法如下。令 $f: R \to R$ 是一个连续的、严格递减的正的函数，$\lim\limits_{x \to \infty} f(x) = 0$。考虑一个个体的选择行为，他代表类型为 i、面对提供工资 $\bar{t}$ 的群体。他选取信号 j 的概率为

$$P_{ij}(\bar{t}) = \frac{f(\max\limits_r (\bar{t}_r - c_{ir}) - \bar{t}_j + c_{ij})}{K_i(\bar{t})} \tag{9}$$

其中，

$$K_i(\bar{t}) = \sum\limits_j f(\max\limits_r (\bar{t}_r - c_{ir}) - \bar{t}_j + c_{ij}) \tag{10}$$

给定这一假设，可以通过建立多项分布来生成 $P(m/\bar{t})$。

$$P(m/\bar{t}) = \prod\limits_{i,j} c(m_{i1}, \cdots, m_{iJ}) p_{ij}(t)^{m_{ij}} \tag{11}$$

其中，$c(m_{i1}, \cdots, m_{iJ})$是为了得到分布$(m_{i1}, \cdots, m_{iJ})$，而把第$i$组分配到不同信号的分配方法的数目。即，它是一个多项分布的系数。至此，我们完成了对马尔可夫链的描述。还要注意，所有的概率$P(m/t)$都不等于零。

令置换矩阵为P。能够证明，P^{J+1}的所有元素一定都是正的。即，至多需要$J+1$个步骤，就有可能从任意一个状态变化到任何一个其他状态。有关论证如下。从任意状态$(\bar{t}, \bar{m})$开始，由于雇员的错误，所以任意的m都可以经过一个步骤得到。因此，任意的m都附带有一个正的概率。两个步骤后，可以通过恰当地选择m来设置t_1。此后，为了不干扰t_1，对所有i，$m_{i1}=0$。在第三步，以同样的方式设置t_2并使之保持不变。重复这一程序，直到在步骤$J+1$得到t_J。那时，对任意一个t_j，只要存在一个m使（7）式成立，就可以选择它。这些就是这个系统的所有状态。

因为P^{J+1}是严格正的，所以马尔可夫链是有限的、不能简化的、非周期性的。可以使用关于这种类型链的强大的公理。[①] 这个链有唯一的一个静态分布q，满足下列方程和不等式

$$qP = q$$
$$qe = 1 \tag{12}$$
$$q \geqslant 0$$

其中，e是元素为1、维数合适的向量。在动态模型中，分布q可以被解释为一种均衡。从任意一点开始，这个系统概率性地（在概率上）收敛于这个分布。还需要讨论这个静态分布与前面的静态模型中找到的均衡之间的关系。

首先，q不具有这个性质：$q_i = 0$当且仅当状态i不是一个均衡。事实上，q是一个严格正的分布。为了理解这一点，假设$q_i = 0$。那么由静态分布的定义有

$$\sum_k q_k P_{ki}{}^{J+1} = 0 \tag{13}$$

因为这个累加和的每一项都是非负的，所以上式意味着它的每一项都是零。但所有的项$P_{ki}{}^{J+1}$都是正的，因此所有的q_k都必须为零。但这是不可能的。于是，q是严格正的。

---

① W. Feller, *Introduction to Probability Theory and Its Applications*, vol. I (New York: John Wiley & Sons, Inc., 1950); J. G. Kemeny and J. L. Snell, *Finite Markov Chains* (Princeton, N. J.: Van Nostrand, 1960).

还有一个一般性问题需要考虑：在这种形式的动态变化中，是否大多数的静态概率都集中在均衡状态。

每一种类型的群体都有有限个成员的系统，可能没有均衡，可能有一个均衡，也可能有很多均衡。在所有这些情况中，都存在静态分布，并且是唯一的静态分布。这立刻表明，当均衡存在时，静态分布和均衡之间并不完全一致。而且，正如我们已经看到的，即使确实存在一个均衡，马尔可夫系统并不概率性地逼近这个均衡状态。反面结论就说这么多。还要考虑一个问题：当雇员做出不理想决策（即，犯错误）的概率很小时，在均衡存在时，静态概率是否把大多数的概率都附于均衡状态。

为了研究这个问题，假设对系统中每一个可能的 t，每一组都有唯一一个最优信号选择。做这样的假设而舍弃的一般性问题并不严重。令发生错误的最大概率为 ε/N，其中 N 是系统中状态的数目，这一点可以通过使在置换概率定义中使用的那个函数 $f(x)$ 足够陡峭达到。于是，矩阵 P 的典型的一行会有一个数值大的元素，剩下的要么为零要么很小（比 ε/N 小）。即，对每一个 i，存在 k_i 使 $p_{ik_i}>1-\varepsilon$，并且对 $j\neq k_i$，$p_{ij}<\varepsilon/N$。系统中的状态可以分为以下三类。

1. 那些 $i=k_i$ 的状态。这些是均衡状态。如果错误概率都为零，那么它们就是吸收状态（absorbing states）。

2. 有一组最小状态集合 E_1，$\cdots$，E_R，每一个集合具有如下性质：如果 $i\in E_r$，那么 $k_i\in E_r$。假如错误概率都是零，那么每一个 E_r 都是一个不可简化的、退化的循环子链。

3. 具有下述性质的状态。给定状态 i，存在一个序列 r_1，$\cdots$，r_s，使 $k_i=r_1$，$k_{r_1}=r_2$，$\cdots$，$k_{r_s}=m$，其中 m 是类型 1 或类型 2 的一个状态。

鉴于显而易见的原因，人们可能会把这三类状态分别称为准吸收状态（almost absoring state）、准循环子链（almost cyclic subchain）、准暂时状态（almost transient state）。每一种状态都属于这三类中的一种：这些分类相互排斥且是详尽的。

命题 1：可以用错误概率的大小把附于准暂时状态的静态概率设置得任意小。

证明：首先，我们可以用显而易见的方法把每一个状态集合 E_r 分解为一个类型 1 的状态，即，准吸收状态。现在假设对某个状态 i，k_i 是类型 1。那么就有

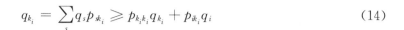

$$q_{k_i} = \sum_s q_s p_{sk_i} \geqslant p_{k_i k_i} q_{k_i} + p_{ik_i} q_i \tag{14}$$

于是

$$q_i \leqslant \frac{q_{k_i}(1 - p_{k_i k_i})}{p_{ik_i}} \tag{15}$$

但是 $p_{k_i k_i} > (1-\varepsilon)$、$p_{ik_i} > (1-\varepsilon)$ 且 $q_{k_i} < 1$，因此

$$q_i < \varepsilon/(1-\varepsilon) \tag{16}$$

于是，通过减小 ε，q_i 可以被设置得任意小。这直接消除了满足类型 1 的状态（或者准循环子链）。假设对某个状态 i，$q_{k_i} \leqslant \varepsilon$ 且 $p_{ik_i} > 1-\varepsilon$，则

$$q_{k_i} = \sum_s q_s p_{sk_i} \geqslant q_i p_{ik_i} \tag{17}$$

于是，注意到 $q_{k_i} \leqslant \varepsilon$ 且 $p_{ik_i} > 1-\varepsilon$，得

$$q_i < \varepsilon/(1-\varepsilon) \tag{18}$$

因此，任何间接满足类型 1 的状态都可以通过错误概率被设置得任意小。由于所有类型 3 状态都直接或间接地满足吸收状态或吸收状态链，因此都可以用错误概率把它们设置得任意小。证明完毕。

于是，我们的结论是，这个动态系统有一个静态分布，在这个静态分布中，最大概率要么附于均衡，要么附于闭循环模式。若没有更多的假设，不可能得到比这更进一步的结论。附于循环模式的概率低这一结论是不正确的，如下面这个简单的例子所示。

$$P = \begin{bmatrix} 1-\varepsilon & \varepsilon/2 & \varepsilon/2 \\ \varepsilon/2 & \varepsilon/2 & 1-\varepsilon \\ \varepsilon/2 & 1-\varepsilon & \varepsilon/2 \end{bmatrix} \tag{19}$$

这个例子的静态分布是 $q_1 = q_2 = q_3 = 1/3$。于是处于由状态 2 和 3 组成的准循环子链中的概率为 $2/3$。

虽然从均衡分析的角度来看这不是一个诱人的概率，但它本身却并不如此。信号传递系统可能达到一个不可简约的、有限状态循环模式，并且保持在这样的状态的概率很高，即便错误使这个系统从循环中脱离。注意，这样一个闭的循环子链可以看作一个职业转换现象的正则化序列。一群群的工人进入、退出各种职业和各种信号，如同隐含在平均化程序中的外部性在不断地追赶他们一样。

随着包含大量的零，置换矩阵有一定的数量结构，但到目前为止，还没有使用到这一性质。令序列 (t^v, m^v) 是构成一个循环的所有状态，$v = 1, \cdots, V$，循环如图 H.1 所示。

如果 (t^*, m^*) 是一对均衡，那么没有一个 t^v 可以等于 t^*，因为

如果有一个 t^v 等于 t^* 的话，这个循环就会终止。用图形来表达，即 t^* 生成了它自己（见图 H.2）。因此，在一个循环中永远不会出现均衡提供工资。

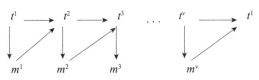

图 H.1　循环链中的相互作用

图 H.2　均衡中的相互作用

　　虽然循环可以很复杂，但它们还是有一个模式。假设第 i 组在步骤 v 和 $v+r$ 之间从信号 j 转到了信号 k，那么这就排除了不相等，我们得到

$$t_k^{v+r} - c_{ik} > t_j^{v+r} - c_{ij} \tag{20}$$

和

$$t_j^v - c_{ij} > t_k^v - c_{ik}$$

把这两个不等式相加得

$$t_k^{v+r} - t_k^v > t_j^{v+r} - t_j^v \tag{21}$$

这与第 i 组没有任何关系。假如有其他的某个组，沿着相反方向转换信号，那么可以推导出一个相反的不等式，导致矛盾。于是，我们得到如下命题。

　　命题 2：在一个循环的任意两个不同时间段，不可能发现这样的现象：两组工人只是为了信号的选择而交换位置。

附录I 信号传递和就业选择的流动模型：静态信号传递模型的推广

附录F中讨论的均衡模型事实上是一个静态模型。因此，它忽略了就业市场中信号传递决策的许多跨期方面的特征。可以确认出这些跨期方面的重要特征，然后把它们融入一个跨期信号传递模型中。这样产生的模型被称为流动模型（flow-through model），表明连续不断的人流进入就业系统，在信号和就业方面做出前瞻性的选择。在这样的背景下，信号（如教育）和工作间的区别，自然变得模糊不清。

为了建立流动模型，我不仅要在模型中加入信号传递博弈的跨期因素，还要通过证明稍微一般化的静态模型可以被看作流动模型的一个时间段来确保它的基础结构。

事 实

1. 当一个人为一个雇主工作之后，这个雇主可能比其他任何人都更加了解他的生产力。这个雇主可能解雇这个人、调整他的工资或改变他的工作。这个人可能会辞职，然后到其他地方去寻找工作。一旦他这样做，他的工作历史就成为他的可视形象的一部分，回头看时，就是一份指标。实际上，这个人对于未来的雇主来说，就是一份新的彩票。

2. 人们知道工作历史会成为有关自己的信号，在清楚地知道这一点的情况下，他们前瞻性地做出关于信号和就业的选择。

3. 有些信号是"不可逆转"的。比如，即使并非不可能，也很难消除一个人的大学教育经历。

4. 在存在跨期的情况下，预测自己在各种不同类型工作中的生产力对雇员来说就变得十分重要。其原因在于，他们在任一给定工作上的表现将来会成为信号，可能会为他们打开或关闭一扇就业机会的大门。选择工作本身就是一个信号传递决策，而决策的结果却是不确定的。并且，对于一个雇员工作的企业来说，该雇员失去了相对的匿名特征。由于从群体的平均一员中脱离而出，对个体来说具有明显的好处，所以认真选择一个了解你的雇主非常重要。

于是，这些就是构成就业市场信号传递博弈的一些因素，由于静态模型无法了解一个人的历史，所以它无法包含这些因素。

假设和符号

1. 在一个人的职业生涯中，有 N 个时间段或逻辑阶段，它们的确切时间并不重要。在每一个阶段末，雇主和雇员会做出新的决策。从而形成一个信号传递博弈。有些人转换工作，其他人则保持不动。假设一个人要留在哪里是一个决策问题。

2. 到第 n 阶段，一个人已经具有了自己的历史，由三部分组成。第一部分是在每一阶段工作过的雇主序列 $(z_1, \cdots, z_n)$，用 Z_n 表示；第二部分是每一阶段传递的信号序列 $(j_1, \cdots, j_n)$，用 J_n 表示；第三部分是每一阶段雇主的评价序列 $(x_1, \cdots, x_n)$，用 X_n 表示。稍后会讨论这些评价。

3. 市场中有有限个人、有限家企业、有限个信号。i 类型的人数比例为 $q_i \geqslant 0$，$\sum_i q_i = 1$。

4. 令 $f_i(Z_n, J_n)$ ＝正在为企业 z_n 工作、正在传递信号 j_n、具有部分历史 (Z_{n-1}, J_{n-1}) 的一个 i 类型个体的生产力。

5. 令 $m_i(Z_n, J_n, X_{n-1})$ ＝具有历史 $(Z_{n-1}, J_{n-1}, X_{n-1})$、正在为企业 z_n 工作、已经传递完信号 j_n 的 i 类型的人口比例

下述关系成立

$$m_i(Z_n, J_n, X_{n-1}) \geqslant 0$$
$$\sum_{z_n, j_n, x_{n-1}} m_i(Z_n, J_n, X_{n-1}) = m_i(Z_{n-1}, J_{n-1}, X_{n-2})$$
$$\sum_{Z_n, J_n, X_{n-1}} m_i(Z_n, J_n, X_{n-1}) = 1$$

6. 信号传递成本依赖于历史。给定历史 $(Z_{n-1}, J_{n-1}, X_{n-1})$，令 $c_i(Z_n, J_n, X_{n-1})$ ＝一个 i 类型的人传递信号 j_n、为企业 z_n 工作的成本。如果给定 $(Z_{n-1}, J_{n-1}, X_{n-1})$ 时，不可能传递 j_n，我们就取 $c_i(Z_n, J_n, X_{n-1})$ ＝＋∞，从而允许信号传递是不可逆的。注意，在

如此定义的成本下，人们对工作和信号传递活动的喜好可能取决于他们做过的工作及以前的信号传递活动。

7. 给定当前信号 j_n 和历史 $(Z_{n-1}, J_{n-1}, X_{n-1})$，令 $t_i(Z_n, J_n, X_{n-1})$ ＝企业 z_n 给 i 类型人提供的工资。

8. 如果某个人在过去一直为一个雇主工作，那么就假定这个雇主知道这个人的生产力。因此：

如果对某个 $m<n$，$z_m＝z_n$，那么
$$t_i(Z_n, J_n, X_{n-1}) ＝f_i(Z_n, J_n)$$

9. 令 $t(Z_n, J_n, X_{n-1})$ ＝第 z_n 个雇主对一个传递了信号 j_n、具有历史 $(Z_{n-1}, J_{n-1}, X_{n-1})$ 的人的生产力的期望。假设

如果对所有的 $m<n$，$z_m \neq z_n$，那么
$$t_i(Z_n, J_n, X_{n-1}) ＝t(Z_n, J_n, X_{n-1})$$

10. 有必要解释清楚 $t(Z_n, J_n, X_{n-1})$ 的来源。假设条件是：

如果对某个 i，$m_i(Z_n, J_n, X_{n-1}) \neq 0$，那么

$$t(Z_n, J_n, X_{n-1}) = \frac{\sum_i q_i m_i(Z_n, J_n, X_{n-1}) f_i(Z_n, J_n)}{\sum_i q_i m_i(Z_n, J_n, X_{n-1})}$$

如果对所有的 i，$m_i(Z_n, J_n, X_{n-1}) ＝0$，那么
$$\min_i f_i(Z_n, J_n) \leqslant t(Z_n, J_n, X_{n-1}) \leqslant \max_i f_i(Z_n, J_n)$$

11. 假设雇主的评价 x_n 只能在两个数上取值：高于平均值或低于平均值。[①] 在每一阶段末，每一个雇主都会给出这样的评价报告，这些评价成为个人工作历史记录的一部分。还要进一步假设雇主会做出一些错误的评价。特别地，令 $h: R \rightarrow R$ 是一个单调的、非递减的连续函数，满足 $h(-\infty) ＝0$ 且 $h(+\infty) ＝1$。那么

$$h(f_i(Z_n, J_n) - t(Z_n, J_n, X_{n-1}))$$

＝当雇主的期望是 $t(Z_n, J_n, X_{n-1})$ 时，雇主对一个 i 类型、具有历史 (Z_n, J_n)、生产力为 $f_i(Z_n, J_n)$ 的人的评价高于平均水平的概率

通过操控 h，我们可以把错误的概率控制在如我们所希望的那么小，或者使雇主偏向于任何一个取值。图 I.1 描绘了这样的一个例子。在这个例子中，减小 ε 就缩小了错误的范围。如果雇主评价在平均水平

---

① 这个假设纯粹是为了表述清楚起见而设定的。雇主对雇员的任何评分都可以很好地发挥相应的作用。

之上，那么 $x_n = a$，否则 $x_n = b$。

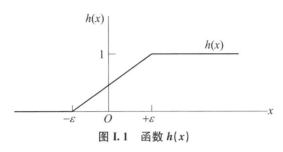

图 I.1 函数 $h(x)$

12. 令 $p(x_n | Z_n, J_n, X_{n-1})$ ＝为企业 z_n 工作、发射了信号 j_n、具有历史（Z_{n-1}，J_{n-1}，X_{n-1}）且在第 n 阶段末收到评价 x_n 的工人的期望人数比例。

雇员会使用这些比例来预先评估他可能的就业记录。只要有数据，这些概率可以非常精确。

如果对某个 i，$m_i(Z_n, J_n, X_{n-1}) \neq 0$，那么

$$p(a | Z_n, J_n, X_{n-1})$$
$$= \frac{\sum_i q_i m_i(Z_n, J_n, X_{n-1}) h(f_i(Z_n, J_n) - t(Z_n, J_n, X_{n-1}))}{\sum_i q_i m_i(Z_n, J_n, X_{n-1})}$$

如果对所有的 i，$m_i(Z_n, J_n, X_{n-1}) = 0$，那么

$$p(a | Z_n, J_n, X_{n-1}) \in [0, 1]$$

13. 在每一阶段，雇员都会认真挑选雇主和信号（z_n，j_n）。为了明智地进行挑选，他们必须对未来的收入和决策做出合理的预期。但问题在于，没有多少有效数据可以提供给他们，以帮助他们做出预期。虽然假设个体可以准确预测自己的信号传递成本看起来比较合理，但假设个体能够预测他的生产力及雇主对他的评价就不合理了。个体不知道自己所属的类型，因为如果他知道的话，那么由定义，个体就会知道他在任何可能工作上的生产力。有关提供工资的数据，对做出合理预期可能很有帮助，但这样的数据并不是公开信息，所以无法获得。有关实际就业和工资模式的数据是公开信息，但这些数据是由人们的最优化决策和提供工资产生的，所以对未来的决策和提供工资不能提供有用的信息。

因此，我建议雇员尝试运用二阶准则（second-order principle）。也就是，早于他的那些雇员总体而言做出了理性决策，而他很有可能沿着前人的踪迹通过这个系统，通过的可能性等于以往成功通过整个系统的人数比例。用这样的方式，一个人会估计出他将来的预期收入。他会用

这些相同的比率，扣除预期的信号传递成本，得到将来的预期净收入额。为了准确地阐述这一点，令 $S_i(Z_{n-1}, J_{n-1}, X_{n-1})$＝一个 i 类型、具有历史 $(Z_{n-1}, J_{n-1}, X_{n-1})$ 的人，从第 n 阶段到第 N 阶段的预期的未来净收益。因为信号传递成本依赖于 i，所以它也依赖于 i。

假设

（ⅰ）如果存在 k 和 (z_n, j_n)，使 $m_k(Z_n, J_n, X_{n-1})\neq 0$，那么

$$S_i(Z_{n-1}, J_{n-1}, X_{n-1})$$
$$= \sum_{z_n, j_n, k} d_k(Z_n, J_n, X_{n-1})\{t_k(Z_n, J_n, X_{n-1})$$
$$-c_i(Z_n, J_n, X_{n-1})+h(f_i(Z_n, J_n)$$
$$+t(Z_n, J_n, X_{n-1}))[S_i(Z_n, J_n, (X_{n-1}, a))$$
$$-S_i(Z_n, J_n, (X_{n-1}, b))]+S_i(Z_n, J_n, (X_{n-1}, b))\}$$

其中，

$$d_k(Z_n, J_n, X_{n-1})=\frac{q_k m_k(Z_n, J_n, X_{n-1})}{\displaystyle\sum_{s, z_n, j_n} q_s m_s(Z_n, J_n, X_{n-1})}$$

（ⅱ）如果对所有的 k 和 (z_n, j_n) 都有 $m_k(Z_n, J_n, X_{n-1})=0$，那么 $S_i(Z_{n-1}, J_{n-1}, X_{n-1})$ 可以取介于它的最小值和最大值之间的任意值。

尽管这些关系式看上去有点复杂，但它们表达的意思却简单明了：用递归方法定义 S_i 为预期的未来工资减去预期的信号传递成本，其中，赋予每一条未来可能路径的概率等于过去在每一条路径上的人数比例。

14. 假设个体会最大化他在现阶段的净收入的总和，然后最大化他的期望净收入。于是，一个具有历史 $(Z_{n-1}, J_{n-1}, X_{n-1})$ 的 i 类型的人将会进行如下操作：

$$\max_{z_n, j_n} [t_i(Z_n, J_n, X_{n-1})-c_i(Z_n, J_n, X_{n-1})$$
$$+p(a|Z_n, J_n, X_{n-1})S_i(Z_n, J_n, (X_{n-1}, a))$$
$$+p(b|Z_n, J_n, X_{n-1})S_i(Z_n, J_n, (X_{n-1}, b))]$$

从操作性上来讲，这意味着

$$m_i((Z_{n-1}, \bar{z}_n), (J_{n-1}, \bar{j}_n), X_{n-1})=0$$

除非 $(\bar{z}_n, \bar{j}_n)$ 使括号中的部分达到最大。

这里不需要定义均衡，因为假设条件中包含了均衡的定义。只要存在可获得的数据，这些数据就支持所有预期，这时市场就达到了均衡。这表明，t、S 和 p 都是准确无误的数据，并且 m 是由合适的雇员决策

生成。可以用向量（t，m，p，S）表示这个模型中的变量。与静态模型相比，这个模型中的新变量是 $t_i(Z_n, J_n, X_{n-1})$、p 和 S。把变量 t_i 引入模型，是因为一个雇主了解那些以前为他工作过的雇员。把变量 p 和 S 引入模型，是因为雇员对雇主评价和未来收益抱有预期。均衡模型中的相互关系流如图 I.2 所示。箭头可以读作"决定"。

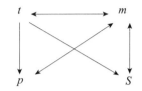

图 I.2　流动模型中的均衡关系

注意，正式地说，虽然这个模型也包含通过一个人累积的历史来传递信号的可能，但这是一个终身雇佣决策和人力资本积累的均衡模型，而不仅仅是信号传递模型。

定理：流动模型存在均衡。

注：下面提供的只是证明梗概，与静态模型中的证明差不多。

证明：用 A 表示映射。显然，变量 t、t_i、p 和 S_i 的取值都属于闭区间，这些闭区间的笛卡儿积是一个紧凸集。类似地，变量 m_i 落在一个与非负坐标轴相交的线性子空间里，这个集合也是一个紧凸集。因此，这个模型的变量落在一个有限高纬欧几里得空间的紧凸集里。A 把这个集合映射到它自己的子集上。映射 A 用下述的均衡条件定义

$$(w, y, r, U) \in A(t, m, p, S),$$

当且仅当，

(1)（a）如果对所有的 $m<n$，有 $z_m \neq z_n$，那么
$$w_i(Z_n, J_n, X_{n-1}) = w(Z_n, J_n, X_{n-1})。$$

（b）如果存在 $m<n$，使 $z_m = z_n$，那么
$$w_i(Z_n, J_n, X_{n-1}) = f_i(Z_n, J_n)。$$

(2) 如果存在 i，使 $m_i(Z_n, J_n, X_{n-1}) \neq 0$，那么

(a) $w(Z_n, J_n, X_{n-1}) = \dfrac{\sum\limits_i q_i m_i(Z_n, J_n, X_{n-1}) f_i(Z_n, J_n)}{\sum\limits_i q_i m_i(Z_n, J_n, X_{n-1})}$

(b) $r(a | Z_n, J_n, X_{n-1})$
$$= \frac{\sum\limits_i q_i m_i(Z_n, J_n, X_{n-1}) h(f_i(Z_n, J_n) - t(Z_n, J_n, X_{n-1}))}{\sum\limits_i q_i m_i(Z_n, J_n, X_{n-1})}$$

(3) 如果对所有的 i，有 $m_i(Z_n, J_n, X_{n-1}) = 0$，那么

(a) $w(Z_n, J_n, X_{n-1}) \in \left[\min\limits_i f_i(Z_n, J_n), \max\limits_i f_i(Z_n, J_n)\right]$；

(b) $r(a|Z_n, J_n, X_{n-1}) \in [0, 1]$。

(4) $y_i((Z_{n-1}, \bar{z}_n), (J_{n-1}, \bar{j}_n), X_{n-1}) = 0$，除非 $(\bar{z}_n, \bar{j}_n)$ 使下式达到最大

$$t_i(Z_n, J_n, X_{n-1}) - C_i(Z_n, J_n, X_{n-1})$$
$$+ p(a|Z_n, J_n, X_{n-1}) S_i(Z_n, J_n, (X_{n-1}, a))$$
$$+ p(b|Z_n, J_n, X_{n-1}) S_i(Z_n, J_n, (X_{n-1}, b))$$

(5) $U_i(Z_n, J_n, X_n)$ 满足下述关系：

(a) 如果存在 (k, z_n, j_n)，使 $m(Z_n, J_n, X_{n-1}) \neq 0$，那么
$$U_i(Z_{n-1}, J_{n-1}, X_{n-1})$$
$$= \sum_{k, z_n, j_n} d_k(Z_n, J_n, X_{n-1}) [t_k(Z_n, J_n, X_{n-1})$$
$$- C_i(Z_n, J_n, X_{n-1}) + h(f_k(Z_n, J_n)$$
$$- t(Z_n, J_n, X_{n-1}))(U_i(Z_n, J_n, (X_{n-1}, a))$$
$$- U_i(Z_n, J_n, (X_{n-1}, b))) + U_i(Z_n, J_n, (X_{n-1}, b))]$$

其中，$d_k(Z_n, J_n, X_{n-1})$ 的定义与在均衡中的定义完全相同。

(b) 如果对所有的 (k, z_n, j_n)，$m_k(Z_n, J_n, X_{n-1}) = 0$，那么 $U_i(Z_{n-1}, J_{n-1}, X_{n-1})$ 属于由这个变量可能取到的最小值和最大值为端点构成的区间。

这完成了映射 A 的定义。

现在，向量 (t, m, p, S) 的每一个元素都被映射到一个单点集或一个闭区间。因此，每一个点的像都是一个紧致的凸集。剩下来只要证明这个映射是上半连续的。假设当 $v \to \infty$ 时 $(t^v, m^v, p^v, S^v) \to (\bar{t}, \bar{m}, \bar{p}, \bar{S})$，$(w^v, y^v, r^v, U^v) \in A(t^v, m^v, p^v, S^v)$，$(w^v, y^v, r^v, U^v) \to (\bar{w}, \bar{y}, \bar{r}, \bar{U})$。我们必须证明 $(\bar{w}, \bar{y}, \bar{r}, \bar{U}) \in A(\bar{t}, \bar{m}, \bar{p}, \bar{S})$。定义映射 A 的大部分条件，都可以按定义机械地检验。条件 (1) 自动成立。条件 (2) 和 (3) 分两种情况来证明。如果对所有的 i，$\bar{m}_i(Z_n, J_n, X_{n-1}) = 0$，那么 $\bar{w}(Z_n, J_n, X_{n-1})$ 和 $\bar{r}(a|Z_n, J_n, X_{n-1})$ 的像集就会尽可能地大，于是 $\bar{w}(Z_n, J_n, X_{n-1})$ 和 $\bar{r}(a|Z_n, J_n, X_{n-1})$ 一定属于它们的像集。否则，由于定义 2 (a) 和 2 (b) 中的函数都是连续的，于是通过对它们取极限，这些变量都具有所需要的值。但是，注意，函数 h 的连续性很重要。比如，如果当 $x < 0$ 时 $h(x) = 0$，当 $x \geqslant 0$ 时 $h(x) = 1$（最完美精确的情况），那么上面的论

证将不再成立。

刚刚给出的关于条件（2）和（3）的论证，可以直接应用于证明条件（5），所以就只剩下证明条件（4）。

假设 $\bar{y}_i(Z_n, J_n, X_{n-1}) \neq 0$。因为 $y_i^v(Z_n, J_n, X_{n-1}) \to \bar{y}_i(Z_n, J_n, X_{n-1})$，所以存在 V，当 $v > V$ 时

$$y_i^v(Z_n, J_n, X_{n-1}) \neq 0$$

又因为 $(w^v, y^v, r^v, U^v) \in A(t^v, m^v, p^v, S^v)$，所以 (z_n, j_n) 使下式达到最大

$$t_i^v(Z_n, J_n, X_{n-1}) - c_i(Z_n, J_n, X_{n-1})$$
$$+ p^v(a | Z_n, J_n, X_{n-1}) S_i^v(Z_n, J_n, (X_{n-1}, a))$$
$$+ p^v(b | Z_n, J_n, X_{n-1}) S_i^v(Z_n, J_n, (X_{n-1}, b))$$

这可以通过令 $v \to \infty$ 时 (z_n, j_n) 使下式达到最大得到

$$\bar{t}_i(Z_n, J_n, X_{n-1}) - c_i(Z_n, J_n, X_{n-1})$$
$$+ \bar{p}(a | Z_n, J_n, X_{n-1}) \bar{S}_i(Z_n, J_n, (X_{n-1}, a))$$
$$+ \bar{p}(b | Z_n, J_n, X_{n-1}) \bar{S}_i(Z_n, J_n, (X_{n-1}, b))$$

这正是我们想要证明的结果。因此

$$(\bar{w}, \bar{y}, \bar{r}, \bar{U}) \in A(\bar{t}, \bar{m}, \bar{p}, \bar{S})$$

从而映射 A 是上半连续的。

由角谷静夫不动点定理，得到 A 有一个不动点 (t^*, m^*, p^*, S^*)，由定义可得，这个不动点是流动性劳动力市场系统的一个均衡。证明完毕。

静态模型与流动模型的比较

静态模型可以看作流动模型的一个时间段。一个小组由它的初始类型 i 和历史 $(Z_{n-1}, J_{n-1}, X_{n-1})$ 来定义划分。第 n 阶段上的信号传递和就业选择博弈，可以看作由这个小组成员进行的静态博弈的一种。注意，由于个人历史是可以观察到且不可改变的，所以它实际上是一个指标。为了便于传递信号，它把这个小组从其他小组中分离出来。

这个小组的一个调整过的成本函数定义如下：

$$C_i^*(z_n, j_n) = C_i(Z_n, J_n, X_{n-1})$$
$$+ p(a | Z_n, J_n, X_{n-1}) S_i(Z_n, J_n, (X_{n-1}, a))$$
$$+ p(b | Z_n, J_n, X_{n-1}) S_i(Z_n, J_n, (X_{n-1}, b))$$

注意，这个成本函数依赖于第 n 阶段之后各阶段上的均衡。令

$$t_i^*(z_n, j_n) = t_i(Z_n, J_n, X_{n-1})$$

那么雇员的最优化问题就是

$$\max_{z_n,j_n}\left[t_i(z_n,j_n)-C_i^*(z_n,j_n)\right]$$

与静态模型相比，这一问题唯一的区别是，这里的提供工资依赖于类型 i。其原因在于，这个雇员之前为一些雇主工作过，因此对这些雇主来说他不再是一个未知量。如果忽略个体的历史记录，这看起来就像是：在静态模型中，有些雇主具有某些人隐秘的内部信息。这种内部信息可以很容易地加入到静态模型中，而又不改变模型的基本结构。除了隐私信息问题之外，雇主在这里的反应与他们在静态模型中的反应一致。

因此，我认为静态模型可以被有效地看作流动系统的一个时间段上的问题。个体的历史记录是指标。可以调整信号传递成本，使之包含预期的未来收益、传递信号的成本及现在的雇佣决策。注意，这并不是说流动模型中不同阶段的信号传递均衡是相互独立的。相反，鉴于雇员决策的前瞻性投资考虑，它们完全是相互依赖的。于是，把流动系统的剩余部分（指市场在其他阶段上的均衡布局）看作给定的，静态模型可以被看作在某个时间点上，在市场信号传递博弈的结构中，为某个群体获益的方式。

我构建流动模型的目的，是通过证明静态模型可以被看作一个正在进行的程序的时间段来支持它。在这样做的时候，我希望已经使读者确信，在静态模型中被忽略的一些令人不安的因素（当雇主了解到个体的生产能力后将会发生什么），可以在一个具有与静态模型完全相同的基础结构的均衡模型中找到。

附录 J 合作行为

联盟和信号传递理论是如此复杂，以致我们无法在这里对它做出充分的论证。但是，下面的这个命题可能有点意思。

命题 1：如果每种类型的个体都能毫无代价地确认与自己属于同一类型的人，如果任意一个联盟都能毫无代价、准确无误地确认自己的成员，并确认他们所属的类型，那么由此产生的合作信号传递博弈无关紧要，核中唯一的一个点是完全信息竞争均衡。

注：注意，只有同一类型的人才能相互确认。于是，这个命题可以理解为，通常所说的竞争均衡可以存在于不那么完全的信息中。不过，同一类型的人可以互相识别是个很极端的假设，应该把这个条件放松一些。

证明：令 q_i＝类型为 i 的人数。类型为 i 的人通过形成一个认证联盟，至少可以保证他们自己达到

$$q_i \max_j (f_{ij} - c_{ij})$$

因为所有类型的人都能这样做，所以所有人的最大总收益是

$$\sum_i q_i \max_j (f_{ij} - c_{ij})$$

每一个类型为 i 的人收到的收益恰好是 $\max_j (f_{ij} - c_{ij})$。在完全信息下，i 类型的每一个人都会通过关于 j 使 $f_{ij} - c_{ij}$ 达到最大来做出对生产投入品 j 的最优投资。因此，这个合作博弈的核就是完全信息的竞争均衡。证明完毕。

参考文献

Akerlof, G. A. "The Market for 'Lemons': Qualitative Uncertainty and the Market Mechanism." *Quarterly Journal of Economics*, vol. 84, August 1970.

Allison, G. T. *Essence of Decision*. Boston: Little, Brown and Company, 1971.

Arrow, K. J. "Models of Discrimination." In A. H. Pascal, ed. *Racial Discrimination in Economic Life*. Lexington, Mass.: D. C. Heath, 1972.

Arrow, K. J. *Theory of Risk-Bearing*. Chicago: Markham Publishing Company, 1971.

Becker, G. *The Economics of Discrimination*. Chicago: University of Chicago Press, 1957.

Berg, Ivar. *Education and Jobs: The Great Training Robbery*. Boston: Beacon Press, 1971.

Bogess, William. "Screen Test Your Credit Risks." *Harvard Business Review*, November 1967.

Burkill, J. C. *The Theory of Ordinary Differential Equations*. Edinburgh: Oliver and Boyd Ltd., 1956.

Calibresi, G. "Does the Fault System Optimally Control Primary Accident Costs?" *Law and Contemporary Problems*, Duke University School of Law, Durham, N. C., summer 1968.

Caywood, Thomas E. "Point Scoring for Credit Customers." *Banking*, October 1970.

Chiswick, Barry R. "Schooling, Screening, and Income." Mimeographed, National Bureau of Economic Research, March 1972.

Debreu, G. *The Theory of Value*. Cowles Foundation Monograph no. 17. New York: John Wiley and Sons, Inc., 1959.

Debreu, G. and H. Scarf. "A Limit Theorem on the Core of an Economy. " *International Economic Review*, September 1963.

Doeringer, P., and M. Piore. *Internal Labor Markets and Manpower Analysis*. Boston: D. C. Heath, 1971.

Feller, W. *Introduction to Probability Theory and Its Applications*, vol. I . New York: John Wiley and Sons, Inc. , 1950.

Goffman, E. *Stigma*. Englewood Cliffs, N. J. : Prentice-Hall, Inc. , 1963.

Goffman, E. *Strategic Interaction*. Philadephia: University of Pennsylvania Press, 1969.

Goldman, D. *Information Theory*. New York: Dover Publications, Inc. , 1968.

Green, J. "The Nature and Existence of Stochastic Equilibria. " Mimeographed, Harvard University, October 1970.

Green, J. "Stochastic Equilibrium: A Stability Theorem and Application. " The Economics Series, Institute for Mathematical Studies in the Social Sciences, Technical Report no. 46, Stanford University, August 1971.

Hahn, F. and K. J. Arrow. *General Competitive Analysis*. San Francisco: Holden Day, Inc. , 1971.

Hirshleifer, J. "The Private and Social Value of Information and the Reward to Inventive Activity. " *American Economic Review*, vol. 61, September 1971.

Hull, S. and L. Peter. *The Peter Principle*. New York: Bantam Press, 1969.

Jervis, R. *The Logic of Images in International Relations*. Princeton: Princeton University Press, 1970.

Johnson, Nicholas. "How Point Scoring Can Do More Than Help Make Loan Decisions. " *Banking*, August 1971.

Kain, J. , ed. *Race and Poverty*. Englewood Cliffs, N. J. : Prentice-Hall, Inc. , 1969.

Kakutani, S. "A Generalization of Brouwer's Fixed Point Theorem. " *Duke Mathematics Journal*, vol. 8, 1941.

Kemeny, J. G. , and J. L. Snell. *Finite Markov Chains*. Princeton, N. J. : Van Nostrand, 1960.

La Decision：Aggregation et dynamique des orders des prefer-ences. Centre National de la Recherche Scientifique, Aix-en-Provence, July 3 - 7, 1967.

Lewis, D. K. *Convention：A Philosophical Study.* Cambridge, Mass.：Harvard University Press, 1969.

Lorenz, K. *On Aggression.* New York：Harcourt, Brace and World, Inc., 1963.

Luce, D., and H. Raiffa. *Games and Decisions.* New York：John Wiley and Sons, Inc., 1957.

McCall, J. J. "Racial Discrimination in the Job Market：The Role of Information and Search," RAND Memorandum RM-6162-OEO, January 1970.

McGuire, C. B., and R. Radner, eds. *Decision and Organization：A Volume in Honor of Jacob Marschak.* Amsterdam：North Holland, 1972.

Marschak, J. "Remarks on the Economics of Information." In *Contributions to Scientific Research in Management*, Western Data Processing Center. Los Angeles：University of California, 1959.

Miller, Arthur R. *The Assault on Privacy.* Ann Arbor：University of Michigan Press, 1971.

Mydal, G. *An American Dilemma：The Negro Problem and Modern Democracy.* New York：Harper and Brothers, 1944.

Nelson, Phillip. "Advertising as Information." Mimeographed, State University of New York at Stonybrook, N. Y., July 1972.

Nelson, Phillip. "Information and Consumer Behavior." *Journal of Political Economy*, vol. 78, March-April 1970.

Olson, M. *The Logic of Collective Action.* New York：Schocken Books, 1968.

Oniki, H. "Communication Costs of Operating Organizations." Unpublished paper presented at the Econometric Society Meetings, New Orleans, December 1971.

Pascal, A. H., and L. A. Rapping. "Racial Discrimination in Organized Baseball." In A. H. Pascal, ed. *Racial Discrimination in Economic Life.* Lexington, Mass.：D. C. Heath, 1972.

Phelps, E. S. "Profitable Discrimination：The Statistical Theory of 'Racism' and 'Sexism' . " Mimeographed, Columbia University, May 1971.

Pratt, J. "Risk Aversion in the Small and in the Large. " *Econometrica*, vol. 32, January 1964.

Pratt, J. , H. Raiffa, R. Schlaifer. *Introduction to Statistical Decision Theory*. New York: McGraw-Hill, 1965.

Radner, R. "Competitive Equilibrium Under Uncertainty. " *Econometrica*, vol. 36, January 1968.

Raiffa, H. *Decision Analysis*. Reading, Mass. : Addison-Wesley, 1968.

Raiffa, H. , and R. Schlaifer. *Applied Statistical Decision Theory*. Cambridge, Mass. : The M. I. T. Press, 1961.

Rothschild, M. "The Persistence of Error: A Useful Fact About Two-Armed Bandit Problems. " Mimeographed, Harvard University, September 1971.

Rothschild, M. "Models of Market Organization with Imperfect Information. " Harvard Institute of Economic Research, Discussion paper no. 224, December 1971, forthcoming in the *Journal of Political Economy*.

Samuelson, P. A. The Foundations of Economic Analysis. Cambridge, Mass. : Harvard University Press, 1947.

Scarf, H. "On the Existence of a Cooperative Solution for a General Class of N-Person Gamer. " Cowles Foundation, Discussion paper no. 293, New Haven, April 1970.

Scarf, H. "The Core of an N-Person Game. " *Econometrica*, vol. 35, January 1967.

Schelling, T. C. *Strategy of Conflict*. New York: Oxford University Press, 1963.

Schelling, T. C. "Models of Segregation. " RAND Memorandum RM-6014-RC, May 1969.

Schelling, T. C. "Neighborhood Tipping. " Harvard Institute of Economic Research, Discussion paper no. 100, December 1969.

Schelling, T. C. "Ecology of Micromotives. " J. F. Kennedy School of Government, Harvard University, Discussion paper no. 3, December 1969.

Spence, A. M. and R. J. Zeckhauser. "Insurance, Information, and Individual Action." *American Economic Review*, Papers and Proceedings, vol. 61, May 1971.

Starr, R. M. "Quasi-Equilibria in Markets with Non-Convex Preferences." *Econometrica*, vol. 37, January 1969.

Thurow, L. *Poverty and Discrimination*. Washington, D. C. : The Brookings Institution, 1969.

Vaquin, Michael. "The Economics of Information in Insurance Markets." Mimeographed, Harvard University, August 1972.

Weiner, N. *Cybernetics or Control and Communication in the Animal and the Machine*. Cambridge, Mass. : The M. I. T. Press, 1948.

Weiss, R. D. "The Effect of Education on the Earnings of Blacks and Whites." *Review of Economics and Statistics*, vol. 52, May 1970.

Wheat, David. "A Consideration of the Disproportionately Large Percentage of Black Arrestees." Mimeographed, J. F. Kennedy School of Government, Harvard University, November 1971.

Zeckhauser, R. J. *Microeconomic Interdependence*. Unpublished manuscript, Harvard University, October 1969.

Zeckhauser, R. J. "Medical Insurance: A Case Study of the Tradeoff between Risk Spreading and Appropriate Incentives." *Journal of Economic Theory*, vol. 2, March 1970.

Zeckhauser, R. J. "Markets Where Sellers Are Searchers." Mimeographed, J. F. Kennedy School of Government, Harvard University, June 1972.

术语表

A

阿罗工资反馈模型（Arrow wage feedback model）

B

鲍尔德斯顿（Balderston，R. E.）

保修卡（guarantees）

不动点（fixed point）

部分均衡（partial equilibrium）

C

彩票（lottery）

常规信号传递系统（conventional signaling system）

纯信号传递均衡（pure signaling equilibrium）

D

担保物（guarantees）

地位信号传递（status signaling）

低水平均衡困境（lower-level equilibrium trap）

动力学（dynamics）

动态模型（dynamic model）

多林格尔（Doeringer，P.）

E

恶性循环（vicious cycle）

二阶准则（second-order principle）

二手车（used cars）

F

封闭经济（closed economies）

风险厌恶（risk aversion）

G

个体市场（private market）

工资级差（wage differentials）

工资弹性（wage flexibility）

故障（breakdown）

雇主（employers）

雇主不确定性（employer uncertainty）

雇主偏见（employer prejudice）

过度投资（overinvestment）

H

合作博弈的核（core of cooperative game）

合作行为（cooperative behavior）

霍华德·莱福（Howard Raiffa）

J

及格—不及格成绩（pass-fail grades）

价格信号传递（price signaling）

角谷静夫不动点定理（Kakutani fixed point theorem）

教育（education）

杰里·格林（Jerry Green）

晋升（promotion）

竞争与均衡（competition and equilibrium）

绝对优势（absolute advantage）

均衡（equilibrium）

均衡的不稳定性（instability of equilibrium）

K

可选性信号（optional signals）

肯尼斯·阿罗（Kenneth Arrow）

跨期背景下的匿名（anonymity in intertemporal context）

跨期模型（intertemporal model）

考试分数（test scores）

L

理查德·泽克豪泽（Richard Zeckhauser）

联盟（coalitions）

流动模型（flow-through model）

罗伯特·杰维斯（Robert Jervis）

M

马尔可夫链（Markov chain）

缪尔达尔（Myrdal，G.）

N

逆向歧视（reverse discrimination）

P

帕累托劣市场均衡（Pareto inferior market equilibria）

皮奥里（Piore，M.）

评分系统（scoring system）

普拉特（Pratt，J.）

Q

歧视（discrimination）

潜在信号（potential signal）

潜在指标（potential index）

乔治·阿克洛夫（George Akerlof）

乔治·斯蒂格勒（George Stigler）

S

市场信号（market signals）

随机变化（random variations）

随机信号传递成本（random signaling costs）

T

托马斯·谢林（Thomas Schelling）

统计性歧视（statistical discrimination）

W

维特（Wheat，D.）

凡勃伦（Veblen，T）

文化偏见（cultural bias）

X

吸收状态（absorbing states）

相对生产优势（comparative productivity advantage）

效率（efficiency）

信贷市场（loan market）

信号（signals）

信号传递（signaling）

信号传递成本（signaling costs）

信号传递成本差异（signaling cost differentials）

信号传递的外部条件（externalities in signaling）

信号传递机制（signaling mechanism）

信号传递均衡（signaling equilibrium）

信号的可信性（credibility of a signal）

信息媒介（informational intermediaries）

信息失灵（information failure）

选择性筛选（selective screening）

选择性招生（selective admissions）

Y

一般均衡（general equilibrium）

抑制潜在指标（suppressing potential indices）

有效信号（effective signal）

约瑟夫·鲍尔（Joseph Bower）

Z

招生录取（admissions）

真实信号（actual signal）

真实指标（actual index）

指标（index）

指标—信号二分法（index-signal dichotomy）

置换概率（transition probabilities）

准暂时状态（almost transient state）

准吸收状态（almost absorbing state）

准循环子链（almost cyclic subchain）

兹维·格里利切斯（Zvi Griliches）

自我证实（self-confirming）

自我筛选（self-screening）

图书在版编目（CIP）数据

市场信号传递：雇佣过程中的信息传递及相关筛选过程/（美）迈克尔·斯彭斯著；李建荣译.—北京：中国人民大学出版社，2019.5
（诺贝尔经济学奖获得者丛书）
ISBN 978-7-300-26855-2

Ⅰ.①市… Ⅱ.①迈… ②李… Ⅲ.①市场-信息传递-研究 Ⅳ.①F713.5

中国版本图书馆 CIP 数据核字（2019）第 055222 号

"十三五"国家重点出版物出版规划项目
诺贝尔经济学奖获得者丛书

市场信号传递：雇佣过程中的信息传递及相关筛选过程
迈克尔·斯彭斯　著
李建荣　译
Shichang Xinhao Chuandi：Guyong Guocheng zhong de Xinxi Chuandi ji Xiangguan
Shaixuan Guocheng

出版发行	中国人民大学出版社		
社　　址	北京中关村大街 31 号	**邮政编码**	100080
电　　话	010 - 62511242（总编室）		010 - 62511770（质管部）
	010 - 82501766（邮购部）		010 - 62514148（门市部）
	010 - 62515195（发行公司）		010 - 62515275（盗版举报）
网　　址	http://www.crup.com.cn		
	http://www.ttrnet.com（人大教研网）		
经　　销	新华书店		
印　　刷	涿州市星河印刷有限公司		
规　　格	160mm×235mm　16 开本	**版　次**	2019 年 5 月第 1 版
印　　张	11.5 插页 2	**印　次**	2019 年 5 月第 1 次印刷
字　　数	189 000	**定　价**	49.00 元